中华文化要义读本

郭继承 著

中华书局

图书在版编目(CIP)数据

中华文化要义读本/郭继承著. —北京:中华书局,2019.11
(2024.6重印)
ISBN 978-7-101-14180-1

Ⅰ.中… Ⅱ.郭… Ⅲ.中华文化-研究 Ⅳ.K203

中国版本图书馆 CIP 数据核字(2019)第 227607 号

书　　名　中华文化要义读本
著　　者　郭继承
策划编辑　李洪超　陈　洁
责任编辑　刘冬雪
封面设计　刘　丽
责任印制　陈丽娜
出版发行　中华书局
　　　　　(北京市丰台区太平桥西里 38 号　100073)
　　　　　http://www.zhbc.com.cn
　　　　　E-mail:zhbc@zhbc.com.cn
印　　刷　河北新华第一印刷有限责任公司
版　　次　2019 年 11 月第 1 版
　　　　　2024 年 6 月第 4 次印刷
规　　格　开本/710×1000 毫米　1/16
　　　　　印张 15　插页 2　字数 180 千字
印　　数　13001-14500 册
国际书号　ISBN 978-7-101-14180-1
定　　价　48.00 元

目　录

卷首语

　　近代以来的中华文化读本，大都以西方的理论框架来研究和总结中国文化史，某种程度上曲解或者不能客观反映中华文化的本来面貌。本书以中国文化自身的逻辑、精神与脉络阐发、呈现中华文化的神韵与内涵，以便让大家阅读真正具有"中国味道"的中国文化，并在这个基础上领略和感悟中华文化的精彩与妙用。

前言：经典是人类文明的北极星

　　大家仰望星空，会发现无论任何时候，地球的自转和公转，都指向北极星；无论怎么样的斗转星移，北极星永远是我们人类的坐标系。人类的历史发展也是如此：人类社会的变迁，看似日新月异的背后，也有永恒不变的人类价值和智慧，这是人类社会不断发展的根基。我们常说要与时俱进，要跟上时代的潮流，这当然很重要；但另一方面，我们能否在历史长河中，领会人类文明中永恒的智慧，同样的重要和有意义。器物层面的变革和技术的进步，这是历史的一个方面；另一方面，人类历史上的古圣先贤，以其超越性的智慧和远见，为人类的长久和平和繁荣发展提出了永远有价值的启迪，值得我们好好地领悟和尊重。某种程度上，正是人类文明史上那些具有永恒价值的智慧，就像天空的北极星，不断地矫正人类的行为，指引着人们创造历史的方向，不忘初心，方得始终。

　　人类文明进程中的北极星，使得我们的生活无论多么日新月异、沧海桑田，人类的文明都不会失序，都知道在北极星的坐标下调整自己的方位，知道该怎么应对变局和挑战。这个人类文明的北极星就是文化史上大浪淘沙之后经得起检验的元典，就是历代先哲和伟大思想家的深刻思考和谆谆教导，这是我们不断前行的向导和智慧之源。面对人类社会的发展，我们要关注"变"，强调创新的价值；也要关注"不变"，沉下心来聆听历史风铃中传来的永恒智慧。本书的用意,就是力争以简练的文字,把中国文化史上最具有代表性的经典文本《论语》《易经》《孟子》《大学》《中庸》《道德经》《庄子》《六祖坛经》等,作为解读的范本,力图通过提纲挈领的阐释,给大家打开一扇学习中华文化的大门,让大家领略中华文化的智慧,仰望古圣先贤带给我们的满天星光。本书所选述的典籍,也是中国文化史的典范和路标,集中体现了中华文化的智慧,是我们学习中华文化的最好文本。

可以说,这是一本融汇中华文化精粹的读本,目的就是希望让大家在短、平、快的生活节奏中,更高效地领会和体悟中华文化的大智慧,感受中华文化的大美和大用。

郭继承

2017 年 5 月 31 日

引言：我们为什么要学习中华文化

　　时间进入21世纪之后，大家越来越认识到中华民族的真正复兴，一定包含了中华文化的复兴，在推动文化发展的过程中，中华文化的价值得到越来越多的认可和尊重。社会上各类的讲坛、研讨会、民间推广机构乃至电视节目，都在以不同的形式传播中华文化，虽然也不免良莠不齐。但我们要问的是：社会上为什么会兴起这样的风气和潮流？这种重视中华文化的风气背后，究竟意味着什么？为什么要大力学习和弘扬中华文化？中国文化的典籍和文本浩如烟海，我们究竟应该怎样学习中华文化？这些问题，都不仅是让很多人感到困惑，也是当今时代绕不开的历史课题，我们必须对此做出让人信服的回答。否则，如果我们对传承和创新中华文化的重要性和意义缺少足够的认识，不能够真正领会中华文化内在的智慧，而单凭一时的兴趣和风潮，或者是非理性地一窝蜂地崇拜和模仿，或者简单凭借商业的平台，很难真正起到推动文化发展的作用。

　　面对文化出现的一些乱象，最好的办法不是简单的打压，而是"扶正固本"，通过大力弘扬优秀中华文化，以正视听，夯实文化发展的根基，提升民众的智慧和培养社会成员的判断力、选择力。当我们的人民都有了正知正见，有了正确看待社会、人生的智慧和境界，有了是非好坏正确的判断力和选择能力，这个时候即便有一些文化的乱象，也不足惧。可以说,在文化建设上应对文化乱象最好的办法就是扶正固本,通过对优秀中华文化的弘扬而缩小不良文化渗透社会的群众基础,除此之外,再辅助于法律等其他管理方式,才能让我们的文化发展越来越健康。

(一)看待文化问题应该秉持的基本态度

放置在全球的视野里,对于文化问题,我们应该有一个基本的判断:一方面,我们要认识到任何一个民族的生成与发展,如同一棵大树,文化就是这个民族的根脉,只有根脉得到很好的滋养,民族的大树才能枝繁叶茂。从这个意义上说,重视本民族文化传统的继承、扬弃和发展,是关系民族生死存亡的大问题。正是在这个意义上说,文脉与国脉相连,文运与国运相牵,学习和弘扬中华文化是中华儿女的文化自觉,也是不可推卸的历史责任。我们常说中华民族的伟大复兴,如果没有中华文化的振兴,也不会有中华民族的真正崛起。从中华民族自身的发展看,中华文化是中华民族永续发展的智慧之源和国家认同、民族团结的精神支柱;从全球化的视野看,中国在整个国际舞台上得到尊重和敬佩,绝不仅仅因为国家经济上的富裕和军事上的强大,更是因为中华文化的博大、包容和智慧。另一方面,每一个民族在不同的生活环境中,都创造了各具特色的文化景观,都有各自观察世界和领悟人生的方式。可以说,每一个民族的文化创造,不仅各有特色,而且各有其独特的智慧、优长和缺陷,对于人类的文明进程,都有着不可替代的意义。正因为如此,在文化的格局上,我们不仅要懂得尊重本民族的文化创造与智慧,同时也要清醒地认识到自己的缺陷和其他文化形态的优长。也就是说,我们不仅要体认本民族文化的智慧和价值,也要清醒地认知其他民族的优点,并在这个基础上善于学习，勇于创新，在反思和学习的基础上实现文化的不断提升，这就是孔子所说的"君子和而不同"。所谓"和"，就是面对多元文化的交融，一定要尊重多元，善于学习，立足自己的文化根脉并融汇其他文化所长，生成更高层次的文化形态。但这种"和"，绝不是对其他文化的模仿和照搬，而是在维护民族文化主体性基础上的消化、吸收、融合与生成创新，所以称之为"和而不同"。可以说，"和而不同"是我们对待多元文化的重要态度。

大家如果观察和研究人类的文明史，就会发现这样几个规律性的特点：其一，人类的历史、文化史、文明史，是一个在已有历史根脉的基础上不断累积、传承、突破、创新的历史。任何民族的文化发展，都需要本民族文化的源头活水。从这个意义上说，无论是人类的文明史，还是某一个国家的文化史，都不可能是在完全抹去历史的基础上的重来，而是在吸纳历史智慧的基础上的不断自我生成与扬弃；其二，人类的文明史，是不同文明碰撞、交流、学习、交融和互动发展的历史。不同文明正是在互相学习和借鉴的过程中，实现共同的发展与提高，这是人类文明发展的一个基本规律。具体到中国的文化发展，我们既要清醒地认识到中华文化是中华民族共有的精神家园，是中华民族文化认同、国家认同和民族认同的根基，传承、弘扬和发展中华文化，不仅关系着中华民族的振兴，更关系着中华民族的生死存亡，作为中国人，对如何传承和发展本民族的文化，有着不可推卸的责任；同时，我们同样应该带着开放的文化心态，勇于和善于在多元文化的交流中不断丰富自己、发展自己。而且，一个民族，越是有厚重的文化底蕴，越能够更好地学习其他民族的优点和不断创新；越是善于学习和吸纳其他民族的优点，越能够让自己的文化更加生机勃勃。

（二）为什么要大力弘扬中华文化

当前,学习、传承和弘扬中华文化,某种程度上已经成了社会的共识,但如果真正将这种社会心理上升到文化自觉的高度,并在理论上对"我们为什么要学习中华文化"做出梳理和引导,还需要做出系统化的分析。

1.对中华民族自身发展而言,传承中华文化关涉国基永固

任何一个民族都有自己的精神家园和心灵世界安顿的方式,中国人之所以是中国人,就在于中国的文化塑造了中国人独特的精神家园、精神品格、价值观和思维方式。如果中国文化的根脉被摧毁或肢解,中华民族就丧失了共同认同的精神支柱,也就难免分崩离析的历史命运。对此,我们必须在文化上保持清醒,对于任何肢解中华文化、消解中华文化自信的言行保持高度警惕。我们爱护和发展中华文化,实际上就是保护中华民族之所以是中华民族最核心的东西,这也是中华民族无论经历多少磨难而能不断振兴的精神源泉。

大家观察人类历史,任何一个民族之所以能够屹立于世界民族之林,有两个东西极为重要:第一,该民族必须拥有不断迎战各种问题的智慧之源,否则,在千变万化的人类生活中,一个不能够正确处理各种问题和迎战各种困难的民族,不可能得到长久的发展。具体到中华民族,在五千多年的绵延不息中,中华民族是人类历史上罕见的历史没有中断的民族,中华文明是人类历史上最伟大的文明之一,其中的原因之一就是中华文化滋养下的中华民族,能够培养一种厚德载物的品格和自强不息的精神,正是儒、墨、释、道、中医等各家智慧的营养使得中华民族历经磨难而成为伟大的民族。可以说,中华文化不仅是中华民族的文脉,

而且是中华民族的慧命之所寄托。当然,中华民族在历史的长河中,也历经坎坷,遭遇各种磨难,但推而广之,任何一个民族都不是常胜将军,都会历经很多困难和失败,关键是这个民族有无不断处理各种生存困境的智慧和能力。人类历史上出现了很多大国、强国,但都是经历一段时间的辉煌之后便消失在历史的长河中,唯有中华民族能够面对各种挑战而走到今天,展现出勃勃生机。究其原因,中华文化滋养的民族精神起了至关重要的作用。第二,任何一个民族如果在历史的长河中始终保持生命力,必须有强大的向心力和凝聚力,从而形成牢不可破的民族认同感、国家认同感。反之,任何一个如一盘散沙的民族,都不可能在激烈的世界竞争中站稳脚跟,也不可能保持国家的稳定和民族的团结。中华民族作为包含五十六个民族在内的多民族融合体,中华文化对多民族的融合起到了不可替代的作用。而正是中华民族同仇敌忾、众志成城的向心力和凝聚力,成就了中华民族的坚韧和伟大。今天,全球化的融合和一体已经成为潮流,但是,全球化无论怎样发展,民族之间的界限都不可能消失,也就是说,每一个人总是隶属于某一个民族或者国家;我们不做狭隘的民族主义者,但我们对维系民族团结的重要性必须保持清醒。客观地说,国家的命运、民族的生命力深刻地影响着我们每一个人的生存发展。而国家的强盛和文明,取决于文化的智慧和在此之上所产生的文化认同和国家认同。为了说明问题,我们不妨举例进行阐述。

大家都知道文天祥的故事,他在南宋末年的时候,力主抗击元朝,南宋灭亡后,文天祥被俘。当时元朝的皇帝忽必烈非常欣赏他,平定天下之后,希望文天祥能够为元朝效力。在1282年的一天,忽必烈召见文天祥,许以高官厚禄,让文天祥在宰相、枢密使等官职之间做选择,文天祥断然拒绝,表示除了死之外,别无所求。文天祥曾经这样总结自己的一生:

辛苦遭逢起一经，干戈寥落四周星。

山河破碎风飘絮，身世浮沉雨打萍。

惶恐滩头说惶恐，零丁洋里叹零丁。

人生自古谁无死？留取丹心照汗青。（《过零丁洋》）

在这首诗中，我们读出文天祥一生的心路历程。他本来出生在江西吉安一个大地主家庭，可谓衣食无忧，完全可以过一个公子哥的生活。但自从读了圣贤的书，家国天下的情怀被唤醒，再也不可能只顾自己的个人享乐，决心为国为民，操劳一生，这就是"辛苦遭逢起一经"。可惜的是，文天祥正好赶上山河破碎的时期，到处都是战乱和血腥，"干戈寥落四周星"。在这一个国家濒临灭亡的时代，恐怕一丝的希望都没有了。杜甫面对安史之乱，国破但山河尚在，到了文天祥这里，"山河破碎风飘絮"，一切都显得那么绝望和悲壮。在四处招兵勤王的过程中，明明知道南宋没有了希望，可作为父母之邦，即使肝脑涂地，也要去拯救。期间所经历的痛苦，"身世浮沉雨打萍"。在元兵的追杀之下，"惶恐滩头说惶恐，零丁洋里叹零丁"。面对这样的人生遭遇，文天祥话锋一转，慷慨激昂，"人生自古谁无死，留取丹心照汗青"。意思是为挽救国家命运，放弃自己的小生活，是自己的主动选择，是读了圣贤书之后对人生的庄严承诺，其中艰难困苦，乃至放弃生命，都无怨无悔，因为求仁得仁，又何怨。

后来，元朝统治者决定在至元十九年农历十二月初九这天对他执行死刑。在通往柴市的路上，许多老百姓都站在路边给文天祥送行，看着文天祥禁不住流眼泪。在临死之前，他面无惧色，朝向南方故国的方向叩拜。在执行死刑之后，人们在他的衣服里发现了这样带血的字迹："孔曰成仁，孟曰取义。惟其义尽，所以仁至。读圣贤书，所学何事？而今而后,庶几无愧！"(《宋史·文天祥传》)从中我们可以看出,为什么文天祥可以做到"杀身成仁,舍生取义"。可以说儒家文化所倡导的家国天下情怀和为了社会责任而置生死于度外的精神,感染和鼓舞了无数的志士仁人为了国家而抛头颅、洒热血。我们通过文天祥的故事,就能够发现文化对于塑造民族精神的巨大力量。在中国的历史上,我们曾经历了多少磨难？每当国破民穷的时候,都有文天祥、林则徐、谭嗣同等这样的人,以死报国,为国为民,鲜血写就了忠诚,铁肩担起了道义,这是中华民族能够自强不息的脊梁。尽管我们中华文化在长期的历史发展过程中,不免有这样那样的问题,但是,没有中华文化的培育,也不会有中华民族的今天。这是我们每一个中华儿女须臾不可忘记的历史事实。

历史正是通过这样鲜活的例证,告诉我们文化怎么样滋养和培育一个民族的精神和生命力。可以说,中华文化的弘扬和传承,实在是关系中华民族的命运和生命力的大问题。如果中华文化遭到根本否定,不仅否定了几千年以来中华文化对于民族发展所起到的作用;而且中华民族就失去了维系民族认同的根脉,失去了保持民族向心力和凝聚力的支柱。也正是在这个意义上,我们对传承和弘扬中华文化的自觉,实际上也是振兴中华民族不可推卸的责任。在现实生活中,如果我们追问我们为什么是中国人？为什么会在内心深处对中华民族有一种割舍不断的感情？为什么愿意对国家的发展承担力所能及的责任？究其原因,就是源于在中华文化滋养之下而产生的一种民族认同、民族向心力和责任感。如果大家对文化认同和民族认同之间的关系做一个研究,就会发现:一个人的心灵归属于哪个文化,就会生发对哪个民族的认同。所以,国家认同的背后是文化认同,没有中华文化的教育,爱国主义的教育就容易流于形式而不能深入人心。

即便是跨文化的交流，我们也会发现一个对本民族文化有深入了解的人，才能更好地理解其他文化形态的深意，才能真正海纳百川。否则，一个对本民族的文化缺少了解的人，也缺少深刻理解其他文化形态的基础，也不可能具备对不同文化的融会贯通能力。

2. 放眼全球，中华文化有能力为整个人类发展提供中国智慧

放置在整个人类的历史中，中国文化以自己独特的思考和智慧，对于整个人类文明的走向，对于如何应对现代社会发展的困境，对于不同国家、文化、民族如何友好地相处等问题，都提供了中国式的回答。从这个意义上说，中国文化的价值超出了国界而有世界的意义。大家如果真正对中西方文化做出比较和研究，如果真正领悟中国文化的智慧，也读通西方的文化史，就更应该树立文化的自信。

由于西方社会自近代以来率先实现了技术的突破和现代社会的转型，某种程度上引领了社会发展的潮流，可谓是人类社会的"显学"。于是很多人对西方文化也发自内心地崇拜，从而不能客观真实地看世界，看不到西方文化和西方模式的内在问题，看不到中华文化所蕴含的智慧。美国有一个学者福山，甚至将以美国社会为代表的模式，称之为"文明的终结"。福山的意思是，人类社会发展到美国这样的状态，就已经达到了顶点。这显然是一种很幼稚的看法，早已经被历史所嘲讽。实际上，西方文化对人类文明的思考，只不过是一种思考而已，没有也不可能对人类的所有问题都做出终极性的回答。如果我们冷静地对中西文化做一个认知和判断，就会发现：美国的模式绝不是什么人类文明的终结，其自身的问题多多，人类文明永远处在不断地发展和变动之中。人类也好，宇宙也好，根本没有什么终结，不过是新旧状态的不断转换而已。而

且,西方文明对人类社会的种种思考中,存在着我们无法回避的缺陷。而针对文艺复兴以来人类社会的诸多挑战,恰恰是中国文化的回答,给人类社会的发展提供了不一样的智慧。可以说,当今人类社会面临的困境和挑战,中国智慧提供了应对之道,值得全人类重视和学习,对此我们不妨试举几例。

其一,关于信仰。信仰的实质,实际上是人的终极归属与命运如何拯救的问题。在西方文化看来,人类作为有限的存在,永远不可能超越有限而走向彼岸。因此,西方文化走向了外在的救赎之路,认为人类信仰问题的解决,必须依靠上帝的庇佑和恩惠,才能实现从此岸到彼岸的超越。可问题是,自文艺复兴以来,人性解放已经成为潮流,人类自我觉醒成为不可逆转的趋势,人类努力追求自己把握自己的命运,在这样的大时代背景下,我们不禁要问:人类的命运究竟掌握在谁手里? 人类有自我救赎的能力吗? 如果按照西方文化的思路而断定人类没有这种能力,就根本上背离人类自我觉醒的潮流,人类就会陷入无法自我救赎的绝望。相比较于西方文化的信仰观,中国文化看到了人既有人心,也有道心,既有贪欲,也有佛性;正是道心和佛性的存在,中国文化认为人人心中都有自我救赎的能力,认为人类的命运最终掌握在自己手里,"命自我立,福自己求"(《了凡四训》),"天行健,君子以自强不息"(《易经》)。但由于内在智慧的迷失与外在诱惑的存在,使得人类处在此岸的世界中痛苦迷惘。因此,中国文化一方面清醒地认识到人是一种有限的存在,有着各种各样的局限和缺憾;但是,人人心中本来具有自我超越的能力和可能。因此,中国文化主张人人都要发挥内在智慧的力量,从而实现自我的超越和救赎,任何人从最终极的意义上看,都是自我拯救,都是自我救赎,都是自己成全自己的人生,而绝不是完全依靠什么外在神秘的力量,所以孔子说"敬鬼神而远之"。在信仰的问题上,中国文化主张尊重智者和圣贤,学习圣贤的大智慧,但是不主张盲目崇拜,更不主张在盲目崇拜的过程中迷失本来的自己。相反,中国文化主张在圣贤智慧的引导下,发现真实的自己,从而实现从此岸到彼岸的超越。由此可见,在人类自我觉醒的潮流之下,那种根本否定人类自我救赎能力的信仰观念,已经与时代大势存在某种不可忽视的冲突和矛盾;而中国文化所提倡的信仰观念,既能够充分尊重先觉者的智慧,又主张根本上依靠人类自我的努力和觉悟,吻合了人类觉醒时代的潮流,是我们应对当今人类信仰危机的重要文化资源,值得全世界的重视和探究。

其二,关于人类的生存法则。对于人类的生存法则,《中庸》有一个经典的描述:"万物并育而不相害,道并行而不相悖。"也就是说,中国文化认为这个世界上各种不同生命之间的关系,不是你死我活的关系,不是西方文化所强调的"零和游戏",更不是什么"丛林法则",而是相互支撑,相互养育。如果我们能够客观地观察人类的历史,就会发现,中国在历史上曾经相当时间上处于领先地位,但总体上看,中国并没有对其他民族采取杀伐和占领的政策;相反,中国政府多半采取的是协和万邦和德治天下的政策,能够较好地尊重其他国家的生存和发展的权利。而西方国家由于文化的原因,不可避免地陷入"天堂""地狱""正义""邪恶""此岸""彼岸"等二元对立的思维模式中,自觉不自觉带着冲突和对抗的思维看世界,信奉丛林法则,强调弱肉强食,因此,在全球化的过程中,先后因为掠夺资源而爆发无数的战争,全球性的世界战争就爆发过两次。正是基于对人类历史的考察和中西文明的比较,英国历史学家汤因比先生才说:人类未来的出路,在于孔孟之道和大乘佛学。这绝不是一个历史学家的轻率之议,而是基于中西历史文化分析之上的慎重结论。

不同文化的熏陶和养育，会产生不同的智慧、认知、价值观、思维方式和行为模式。如果我们实事求是地考察人类社会的实际状态，奉行对抗思维，主张弱肉强食、你死我活的丛林法则，既不能反映人类的实际生活状态，更不能为人类的未来提供出路。历史无数次证明，那些靠战争和掠夺发家的所谓列强，无一不会因为自己的侵略行为付出沉痛的代价。比如日本，众所周知，明治维新以来，日本率先成为亚洲最大的强国，可惜的是日本却走上了侵略和掠夺他国的道路，结果二战结束的时候，不仅所有掠夺的财富和地区全部脱离日本，而且几十年现代化的成果付之一炬。反之，日本如果走上和平合作的道路，在这样一个一损俱损、一荣俱荣的全球化时代，日本和世界都会从中受益。当前，全球化程度进一步加深，各个国家、地区，乃至一些大的企业都已经成为全球化的一部分。在这样一个彼此融合空前深化的时代，我们更应该体认中国文化所强调的"道并行而不相悖"的价值，互相尊重，互相学习，共同面对问题，合作共赢，建构命运共同体，切不要以邻为壑。只有如此，人类才有未来。当前，面对中国的崛起，美国等西方国家的态度很典型地体现了西方文化的特点，鼓吹什么"修昔底德陷阱"，鼓吹对中国的遏制等等，这种狭隘的对抗和冲突思维只能带来互相的伤害，甚至带来大规模的冲突和战争。纵观人类历史，横观国际现实，由此越发感觉到中国文化所强调的"万物并育而不相害"的价值。在中国文化看来，世界各国是一个命运共同体、利益共同体、责任共同体，任何国家都不要奉行什么单边主义、弱肉强食、零和游戏的冲突思维，只有秉持中国文化所提倡的"四海之内皆兄弟""和而不同"等理念，世界各国、不同民族和文化形态，才能实现和平共处，互相学习和包容。

其三，关于人与自然的关系。人与自然关系是人类面临的永恒问题,在这个问题上,中西文化因其不同的认知和思维方式,对中西方社会如何处理人与自然的关系产生了重要影响。比如,在西方文化的视域中,因其历史的传统,产生了人与自然主客对立的认知与思维方式。这种认知将人与自然区分为不同的两个世界,而上帝则把对自然的管理权力赋予人类。而且,人类为了自己的生存和需要,有向自然攫取财富的权利。西方文化的这种认知,一方面激发了自然科学的发展,在认识自然和向自然攫取财富的问题上走在其他民族的前面;同时,也不可避免地引发人与自然的紧张关系。而中国文化则将人类与自然的关系概括为"天人一体",自然界本就是人类生存的一部分,中国文化并不赋予人类有征服和掠夺自然的权利,而是主张人类只有爱护自然才能实现自己的利益。由此可以理解,为什么中国人早已经有了开采煤矿和石油的记载,但在现实中,中国并未走上征服和掠夺、破坏自然的道路;从其根本上说是中国文化"天人一体"观念的结果。当然,我们并不是完全否定西方文化对于人与自然关系认知的价值,而是意在告诫我们不要单纯强调人类的主体地位,走向人类中心主义的绝路,而是要认识到人与自然之间休戚与共的关系,从而真正的爱护自然,实现人与自然的和谐统一。

当然,中国文化对于人类社会发展的启迪和价值绝不仅仅是以上几点,我们不过是通过以上的几点说明告诉大家,我们热爱中国文化、传承和弘扬中华文化,不仅仅因为我们是中国人而有传承和弘扬的责任,从整个人类社会发展的角度看,中华文化以其独特的智慧和思考为整个人类社会的发展提供了教益;也正是在这个意义上,弘扬中华文化超出了国界而具有世界意义。换一句话说,传承和弘扬中华文化,不仅是振兴中华民族的需要,也是中华民族承担世界责任的一种方式。

3.中华文化是人生的百科全书

中华文化对于人本身的关注和思考，对于如何成为"真正有意义的人"，卓然成为人类文明璀璨的人文高峰，为我们思考和追求人生的意义、价值，提供了无比丰富的思想宝库。可以说，从个人的成长与发展看，中华文化所蕴含的博大智慧，为我们每一个人的成长提供了丰富的营养，成为个人成长发展的百科全书。任何一个民族的文化，之所以能够绵延不息，从根本上而言是因为没有脱离人们的实际生活，能够给人们的生活提供智慧和启迪。任何一个民族的文化，如果不关心人类的生活，不能为人类的生活提供智慧，一定不会得到传承和人们的重视。而中华文化以自己的博大精深和深远的智慧，为我们如何认知自己，如何认知宇宙，如何正确处理人们面临的各种问题，提供了富有远见的回答和启迪。

比如，对于文化的责任和使命，中华文化认为文化的责任是"化成天下"；即让人类生活得越来越文明，越来越智慧、通达，这是文化的真正责任。文化不仅是人类生活的反应，更是人类不断自我提升和完善的阶梯。应该说，这是对文化最好的定位。如果我们忽视了文化对于人类生活提升的责任，那么，吸毒也是文化，人类丑恶的行为也是文化。实际上，真正的文化是引导人们越来越文明，引导人们越来越走向更高层次的状态，而不是提倡不健康的、消极的生活方式。

对于人类自身，中华文化认为"人者，仁也"。也就是说，在中华文化看来，一个真正的人，恰恰是要成为"仁人"，具备"仁"这种品格。客观地说，一个没有教化的人，可能会存在各种问题和毛病，那么，一个真正的人，应该成为志士仁人，具备"仁"的智慧和品格。也就是说，中华文化语境中的"人"，不是生物意义的人，而是经过文明熏陶和教养之后真正意义的"人"。这是非常重要的一种认识,这不仅给我们如何发展文化定下了格调,而且为我们每一个人的发展,提供了方向性的指导。一个真正的人,不是肆意妄为,更不是胡作非为,而是不断的自我提升和完善,从而逐渐具备"仁"的品格。文化其实就是人类自我完善和自我成全的精神营养。

对于人类的信仰,中华文化认为人人心中都有自己觉悟的那种能力,都有不断超越的内在智慧,因此,中华文化反对盲目崇拜和狂热的迷信,主张在圣贤智者的启迪下发现人人心中本具的智慧,从而实现自我的觉悟和不断的超越。中华文化是一个非常尊重主体性的文化,中华文化所说的觉悟,是指个人的自我觉悟,是觉悟自性的力量,而不是对外在力量的盲目迷信和狂热崇拜。真正领会了中华文化智慧的人,会越来越积极上进、通达、超拔、高远,越来越海阔天空。

对于人类各民族、不同人之间的关系,中华文化主张成全别人,就是成全自己,而绝不提倡弱肉强食。有了这样的智慧,我们就懂得一生带着奉献的自觉,去奉献社会,奉献他人,正是在这种奉献他人和社会的过程中,实现自己的理想。有这样的认识,一个人绝不会成为极端自私的人,而会成为一个甘于奉献而快乐幸福的人。

对于人生的态度,中华文化主张"但行好事,莫问前程",主张水到渠成。我们能否成功,取决于各种因素,因此,一个人应该守住自己本分,做好自己应该做的事情,至于结果是否如自己期待,不要抱有太多的妄想。有了这样的认识,一个人就能够一生勤恳,踏实努力,至于结果如何,只要问心无愧,得失之间,都能够坦然面对。

对于做事的智慧,中华文化主张道法自然。也就是说,任何事情都有他的规则和秩序,一件事情能否成功,不简单取决于我们的愿望,而是看我们能否根据事情的本来规律采取正确的方法。比如,有的孩子天性适合做学术研究,而家长却希望孩子经商或者做官,结果违背了孩子的天性,不仅孩子内心痛苦,而且由于不适合商场和官场,最终也很难有很好的发展。对于人类社会同样如此,商品经济的规律是人类社会逃不出去的规律,因此,我们要做的是如何理解和尊重商品经济的规律,而不是企望扭曲或者无视商品经济的规律。现实是,任何违背社会发展规律的人,无不受到社会的惩罚。道法自然的智慧,是我们必须尊重的大智慧。

中华文化对于个人发展的意义,绝不仅限于以上几点,在这里只是出于说明问题的需要而做出几点简单的解释。可以说,一个真正领悟了中华文化智慧的人,一定是一个有担当的人,宽容的人,仁爱的人,一个心灵宁静、快乐而又勇于负责的人。今天,很多人在希望拥有成功的时候,没有发自内心的使命和责任,对于什么才是一个真正的人,如何才能做一个真正的人,都缺少深刻的思考。客观地说,我们对于"人"的认识,是人类文明的起点,我们怎么认识"人",严重影响甚至决定着人类文明的进程,决定着我们创造什么样的文明。一个连如何做人都不知道的人,怎么可能拥有成功? 因此,我们应该好好地学习中华文化,聆听和体会其中所包含的大智慧,并通过这种学习,完善我们的人格,启迪我们的智慧,提升我们的格局和远见,净化自我的心灵,从而懂得如何做一个真正意义的人。只有如此,我们才能成为社会发展的正能量,才能智慧涌现,无论是于人于己,都能做成一番事业。

基于以上的分析,我们可以得出这样的结论:传承和弘扬中华文化的自觉和努力,实际上是对推动人类文明不断发展的一种责任,是对中华民族如何永葆生机的一种责任,是引导中华儿女不断自我觉悟的一种责任。可以说,继承、学习、弘扬、发展中华文化,不仅仅是关系中华民族的文脉传承和精神家园建设,也是为人类的文明立慧命。正是在这种责任的感召下,我们应该向全社会推广中华文化的智慧,并用这种智慧去造福人类的文明。由于中华文化博大精深,蔚为大观,我们在本书中不可能做出面面俱到的总结和分析,而且中华文化在长期的历史发展进程中,也存在着这样那样的问题,因此,我们在这里只是就优秀的、经得起历史检验的部分作为研究和梳理的对象,将其中最精要的内容和智慧奉献给大家,希望读者朋友从中不仅能够领悟中华文化的精义,而且能够沐浴中华文化的智慧,拥有一个快乐、幸福、祥和、成功的人生。

4.近代的磨难,是我们不断成长的洗礼

需要给诸位读者朋友说明,尽管在整个历史长河中,在大多数时间中国一直走在人类文明的前列,但自近代以来,由于中国社会的落后挨打,导致很多人对中华文化的价值产生误解,因此而产生的对中华文化的激进反思和批判始终未曾中断,甚至有些人将近代中国的落后全部归责为中华文化。这种观点对于我们正确看待中华文化的价值和意义产生了不好的影响,需要我们做出理性中道的分析。放眼人类历史的长河,在世界各个民族中,中华民族在大多数的时间里一直走在世界的前列,创造了灿烂的文化,取得了举世瞩目的成就,这是不容否定的事实。但是,明清之后,中国社会逐渐封闭僵化,导致创造力弱化,社会逐渐失去活力,这其中的原因很多,我们应该对此作出全方位的分析,而不是简单的将其归结为中华文化使然。从某种程度上说,中国近代之所以落后挨打,恰恰是清朝政府背弃中华文化智慧带来的恶果。清人入关之后,清政府背离了中华文化一再提倡的海纳百川的精神,背弃了日新之谓盛德的创新精神,背弃了允执厥中的中道智慧,推行闭关锁国和文字狱的

失败国策,所以才导致了几千年中华文明的优势地位丧失,才导致了自我的封闭和僵化。客观地说,中华文化内容庞杂,其中既有让中华民族具有勃勃生机、不断创新的力量,也确有一些导致僵化保守的因素。如同任何一个民族的文化,都是包含了各种力量的统一体,都不会是只有优点而没有缺陷。但问题是,面对内容庞杂的中华文化,我们如何通过自己不断努力,激扬中华文化之中那些积极的、有永恒生命力的力量,使之成为中华民族不断发展壮大的精神营养,从而让我们的民族永葆生机和活力,勇于自我反省和不断地学习,这才是中华儿女共同的责任。一句话,面对历史上的遗憾和苦难,我们应持的态度不是抱怨和指责,而是痛定思痛,深刻领会和体悟历史给予我们的教训和启迪,真正以史为镜,更好地前行。中国近代史所遭遇的苦难和血泪,是中华民族的必修课,我们切不可让历史的悲剧重演,更要从历史的教训中沉思我们问题出在哪里,做好文化的传承和清理工作,从而通过这场洗礼而重现中华文化的智慧和勃勃生机。

同时,我们还要看到,自近代以来,面对山河破碎、横遭凌辱的困境,中华民族能够重新站起来,浴火重生,这本身也体现了自强不息的中华文化的力量。正是中华文化几千年的滋养,才有了林则徐、谭嗣同、孙中山、毛泽东等志士仁人,可以为挽救民族的命运而置生死于度外,这是中华民族生生不息力量的明证。历史环境不同,每一代人有每一代人的责任。无论任何时代和环境,对待本民族文化的正确态度,绝不是非理性的全盘否定,而是通过一代又一代人的努力,在历史累积的基础上使之不断的除旧布新、不断的自我反省和自我升华,从而永葆生机和活力。这也是本书将总结和梳理优秀中华文化的核心要义为写作目的的原因。这种总结和梳理,不仅是我们学习中华文化的门径,而且是新时期创造新文化的基础,更是中华民族绵延不息的文化之源。

(三)文化的时代性与超越性

在弘扬中华文化的问题上,有人提出这样的疑问:中华文化的一些经典,产生于几百年、几千年以前,今天人类社会面临一个全新的时代,无论是生活方式、生活观念都发生了很多变化,现在还有学习传统文化的必要吗? 产生这种疑惑的人,没有看到这样的现象:人类的文化,固然和某些特定的时代环境、社会环境相关联,但人类的文化还有超越性的特点,人类能够超越特定环境的制约而创造出具有永恒价值的文化。因此,文化传承的重要任务,就是善于抽离出本民族文化中具有永久价值的内在智慧,做好文化的凝练和清理工作,使之成为人类社会不断发展的智慧和力量之源。

《易传》有一句话:"形而上者之谓道,形而下者之谓器。"从文化的内在层次上看,任何一个民族的文化,既包括了形而上的深刻思考,也有对形而下问题的具体应对;既有对特定时代环境的回应,也有对人类命运的超越思考;我们对待文化的正确态度,就是将二者区分开来,既要看到形而下思考的局限性,也要注意到形而上思考的永恒价值。为了说明问题,我们举例加以解释。

孔子曾东游齐国,齐景公向孔子请教如何治理国家,孔子回答:"君君,臣臣,父父,子子。"(《论语·颜渊》)大家如果结合中国当时特定的时代环境,就会发现中国传统社会,以农耕为主要的生存方式,人员少有迁徙,自然会形成家国同构的宗法社会。在这样的社会中,特别强调长幼尊卑,这是很自然的情况。孔子生活在这样的环境中,对于如何实现社会的和谐和有序，认为君王必须像君王的样子，做一个敢于负责、运筹帷幄并能够爱惜民力的领导者；臣子则要兢兢业业，做好本职工作；父亲要承担家庭责任，身体力行；孩子则要好好努力，尊敬长者。对于孔子的这个回答，我们要做一个正确的区分：一方面，孔子的回答没有离开中国当时特定的生活环境；同时，在孔子的具体回答之上，我们会发现孔子实质上强调的是社会中每一个人都有自己的身份和角色，都有各自的职责和本分；每一个人只有把自己该做的事情和职责尽到本分之后，社会才能实现有效的治理和井然有序。从形而下具体的环境看，今天的中国早已经不是君君臣臣的中国，因此，在形而下的层面，孔子的这个回答不免有些"过时"；但是，从形而上抽象的意义上看，不论是人类社会的任何时期，如果希望社会和谐，井然有序，都必须是每一个阶层、每一个人都要做好自己的本职工作，尽好自己的责任和使命。如果领导者不能尽职，工人不能好好做工，家长对家庭毫无责任，年轻人也不求上进，那么，这个社会一定会有严重的问题。因此，在抽象的意义上，孔子所强调的"每一个人做好自己的本分"，具有永恒的意义。可以说，无论人类社会发展到任何阶段，每一个人都需要做好自己的本职工作，此之谓"君子务本"，否则，社会就会混乱，秩序就会动荡。因此，我们对任何一个文化形态的理解，不仅要着眼于文化产生的特定环境和所针对的特定问题，而且要有能力抽离出具体表述背后具有普遍意义的智慧，这恰恰是文化传承的使命和责任。

再比如，我们究竟如何定义人？不同的思想家对人有不同的认知，孟子则有自己的判断，他曾经说："人之所以异于禽兽者几希，庶民去之，君子存之。"（《孟子·离娄下》）对于孟子的这个判断，从字面的意思上是说人和动物的区别很少，而君子可以把人和动物的区别保留下来，而小人则把人和动物的区别给丢掉了。那么,我们不禁要问:当一个人把人和动物的区别给丢掉的时候,这个人是什么状态? 这其实就是"衣冠禽兽"。如果我们更深入的理解孟子的话,就会发现:孟子通过人兽之辨,实际上为我们如何做一个堂堂正正大写的人立下了界限。也就是说,人之所以和禽兽不一样,是因为人和禽兽"有异";如果一个人能够保持这个"有异",人就是人。反之,如果一个人把人和动物的这个"有异"丢掉了,就和禽兽没有区别。将孟子的这个意思推广开来,什么是人类的文明? 其实质就是不断地扩展人类和禽兽的这个"有异"。如果我们过于强调人和禽兽的共性,实际上并没有体现人类的尊严和文明的意义。如果我们真正领悟了孟子的这个判断,就懂得了如何创造体现人类尊严的文化,如何奠定文化的责任和使命,那就是弘扬人之异于禽兽的这个"几希"。可以这样说,中华文化努力的方向,就是引导我们做一个堂堂正正的人。什么是好的文化作品? 就是激发人性之中积极向上的内容,而不是简单地鼓吹欲望的合法性。遗憾的是,当今有一些文化作品和创造,过多的宣扬人与动物的"共性",过多的宣扬人类对欲望的追逐和满足,对人的身心和谐并没有多少正面的意义。我们虽然不能抹杀和完全忽视人类和动物的共性,但人之所以是人的根本原因,不是人和动物的共性,恰恰在于人和动物不一样,这是我们念兹在兹必须加以体察的大问题。

有了这样对文化的理性认知,我们尽可能从五千多年中华民族的文化传统中,总结出超越时空的大智慧,不仅是为了传承优秀中华文化,更是从中吸取营养,使之成为我们不断前行的力量。

在如何继承和弘扬优秀中华文化的课题上,面对蔚为大观、林林总总的中华文化的海洋,恐怕很多人不得其门而入。中国文化自身的传承体系在近代被打破之后,我们今天的国民教育虽然有些零星的古文教育,但根本上缺少系统的中华文化教育。如果我们对中华文化有什么内容都不能知道,何谈正确认识、评判和传承优秀中华文化呢？在文化研究问题上,实事认知先于价值判断,只有在知道中华文化有什么内容的基础上,我们才能理清哪些内容需要我们传承和弘扬,哪些内容需要在时代变革的过程中加以超越。因此,我们有必要向读者阐释中华文化究竟讲了些什么,这个工作是正确看待中华文化传承和弘扬问题的前提和基础。而一个快节奏的时代,很少有人能够系统地阅读中国经典,我们有必要把中华文化中最有代表性的内容凝练出来,把中华文化的"蜂王浆"贡献给大家,希望大家通过浓缩的精品领会中华文化的智慧和妙用。

一 中华文化的历史演变

对任何一个民族文化的了解，都要建立在对其历史的梳理之上。具体到中国文化，我们应该首先对中国思想文化发展的历程有一个总体的了解，这是我们正确认识中华文化的基础。

从历史梳理的角度对中国文化史予以概括，这是我们理解和总结中华文化智慧和基本精神的前提。

文化界的公论，中华文化早期的源头以《易经》为代表，儒家也有"《易》为五经之首"的说法。据记载，伏羲在七千多年之前就创造了《易》。一般人认为《易经》是关于预测的书，实际上，《易经》代表了中国先哲对宇宙和人生的理解，是探究世界、人生大道和演变规律的书。《易经》中体现的变易思想、对事物发展规律的认识、忧患精神、人与世界一体的体认等等，都对人们的现实生活和后世中国的思想界产生了重大影响。

中国历史的撰写，多半以尧舜禹开篇。尧舜禹时期的禅让，实际上体现了中华文化的一个重要特点：重视德性和自我觉悟。在如何治理国家的问题上，中华文化给出的表率就是建立在道德和觉悟的基础上实行的"禅让"，这种传统深刻影响了中国的政治和社会，某种程度上成了中华文化的原点和基因。在中华文化的语境中，在讨论政治理想时，总是会把尧舜禹时期作为理想的代表。这个传说,实际上体现了中华文明对人类社会治理做出的重大贡献。当今有一些人一谈到社会治理的时候,就是什么制度的问题、体制的问题,仿佛有一套所谓完备的制度就可以解决社会所面临的问题,实际上太天真了。人类文明的终极意义,在于提升人类的文明程度,这种文明程度外在的表现就是人们的德行和智慧。因此,社会治理不仅需要制度的建设以防范人性的恶,更需要文化的教导引导人性的善。客观地说,人类社会的治理,既需要制度的建构和保证,也需要道德的修养为根基。过于迷信制度而缺少人文的教化,或者过于迷信道德力量而缺少制度的建设,都会给人类社会带来治理的危机。制度和法律,是防范人性弱点的底线;德行和道心的培养,是人类努力的方向;二者的目的都是为了提升人类的文明和社会和谐。从这个意义上说,看不到制度建设的重要性,固然会出大问题;但如果一味迷信制度,仿佛制度建设可以解决一切,更是对人类文明发展本质的误解。国无德不兴,人无德不立,确实如此。

商周之际的时代变革对中华文化发展产生了重要影响。据《礼记》记载,中国的商代非常注重鬼神,社会事务的合法性都来自于鬼神意旨。据历史记载,商代末期,很多看到商代问题的人,都尽力奉劝纣王改弦更张,可是纣王以"天命在我"为由,我行我素,最终被周取代。于是,周代就面临着如何解释天命转移的问题。如果天命选择的是商,那么,周取代商就不具有合法性。这种情况下,周代的统治者提出了"敬天保民"的思想。认为,天命确实存在,但是天命选择谁管理国家,要看这个人是否领悟天命,而领悟天命的表现就是德政,就是爱民。这就是《尚书》上所讲的"天视自我民视,天听自我民听","皇天无亲,惟德是辅"。这是中国思想史的重大变革,自此以后,中国思想文化没有走向神学,而是走向对人的重视，这与西方思想史有着重大区别。可以说，中华文化在人类的历史上最早开启了主体性觉悟的转变，从对人类外部神秘力量的盲目崇拜，转向了自强不息以及对人类命运和尊严的关注，将人类改变命运的基点放在自我努力的基础上。有了这个历史背景，大家不难理解为什么孔子能够提出"敬鬼神而远之"（《论语·雍也》）的话，敬畏之心固然应该有，但人类的命运不在于盲目膜拜神秘的力量，而在于自己的努力和把握，所以要"远之"。孔子还说"我欲仁，斯仁至矣"（《论语·述而》），生动体现了人是自我觉悟的主体，是自我不断升华的主人翁。一个真正的觉悟者，不是盲目的膜拜外在的神秘力量，而是爱人，为人民的利益和尊严服务，此之谓"仁者爱人"。孔子还坚决反对用活人殉葬，甚至对于用陶俑殉葬的行为也非常反对："始作俑者，其无后乎？"（《孟子·梁惠王上》）生动体现了人类主体性的觉醒，体现了对人的尊严的关注和重视。中华文化中渗透的对人尊严的重视，对人主体性的重视，也对西方社会产生了重大影响。文艺复兴和启蒙运动时期，包括卢梭、伏尔泰、莱布尼兹等人，正是因为他们读了有关中华文化的书，深受鼓舞：认为中华文化无论是反对对神秘力量的盲目迷信，还是对人类尊严的重视，都对西方社会有重要的启蒙和推动意义。

东周时期，历史上称为春秋和战国，中央控制力明显弱化，诸侯国开始出现分离倾向，"问鼎"这个词就出现在这个时期，折射了一些强大的诸侯国已经有取代周王朝的野心。整个春秋战国的四五百年间，各种称王争霸的战乱，可谓此起彼伏。在这种情况下，如何实现政治稳定和社会一统，就成了当时面临的重大时代问题。再加上中央政权控制的弱化，也为各种思想的出现提供了较好的外部环境，于是，百家争鸣应运而生。就其实质而言，所谓百家争鸣，不过是不同的思想家对乱世中国社会的回应和对病态社会开出的不同药方。每一个思想家,都是给社会治病的医生,思想家观察社会问题的角度和解决思路不一样,提出的主张也不一样。儒家的重点在世间,关注的是如何建构儒家心目中理想的社会形态,简言之,重建和谐的世间秩序为儒家一直思考的中心问题。道家则关注到了宇宙和人生背后的规则和规律——道的问题,就道和人的关系问题作出了深刻的解读。法家则是在君王的立场上,对如何实现国家统一、如何有效地对人进行管控和激励作了自己的思考。面对春秋战国的乱世,兵家则对战争问题作了独到研究,形成了独特的兵家学说。诸子百家争鸣,一方面呈现出了中国文化百花齐放的局面,同时在时代格局的演变中,每一种学说都在大浪淘沙的时代变局中接受检验。

在战国争雄的乱世中,以实现国家统一为目标、以通过激励人的欲望为主要特征的法家思想成为秦代统一中国的利器。万事万物,一利一弊,当国家统一之后,法家思想的局限暴露无遗。诚然,法家的刑和赏对于激发人们的积极性和统一中国起了重要作用,但是,对人性贪欲的利用是一把双刃剑。利用人性的弱点可以达到一时的目的,但任何一个社会真正的长治久安,不仅需要一套好的制度,更需要人心的净化和道心的激发,需要心灵的安顿。于是,法家的弊端在实践的过程中逐渐暴露。秦王朝统一后,本应该好好的与民休息,通过制度建设探索维护国家稳定的架构,同时通过教化心灵,实现人们心灵的安顿和和谐。可惜,统治者只是将个人的贪欲凌驾于国家之上,不懂得爱惜民力,更不懂得仁爱天下,最终在秦二世主政不久,一场农民起义的大火,燃烧了整个秦王朝的天空。历史证明,一个只讲功利,不懂得启发人心之中善良与真诚的文化和社会,一定不会长久。

汉高祖刘邦平定天下后,认真反思历史,取消了秦代的严酷刑法,

"约法三章"，主张休养生息，给社会一个休养和生长的时间。汉代的这种政策，与对秦代的反思息息相关。经历了惠帝、文帝、景帝时期的发展，到了武帝的时候，整个汉朝的国力已经今非昔比。这个时候，汉代的政治、文化、外交等等，都需要随之作一个调整。表现在文化层面，经过董仲舒等人的努力，儒家的文化终于成为统治者认可和推崇的文化。儒家能够成为中国传统社会的正统，表象上看是统治者的选择和当时儒家知识分子的努力，实际上与当时的政治、社会的需要和儒家文化内在的精神相关。儒家主张的那种仁爱，那种对大一统秩序的尊重，那种对人性之善的启迪和教化，对于维系社会的长治久安具有重要价值。可以说，儒家对于世间秩序的思考，经历了秦汉之际的社会动荡之后，终于得到了社会的认可。

汉代中后期，儒家的思想开始僵化，汉章帝时期主持的"白虎观"会议，将官方对儒家的解释神圣化，使之成为唯一合法和认可的标准，这实际在某种程度上扼杀了文化的活力。任何一个民族文化的活力，必须鼓励多元并生，主张各种思想的碰撞和交流。一旦遏制学术的自由思考和讨论，必然会走向文化的衰败和僵化。三国魏晋时期的政治动乱，加剧了文化价值取向的混乱。一方面，统治者为了统治的需要而提倡礼义廉耻，孝悌忠信；而在现实中，统治者为了攫取权力，往往背离纲常礼教，弑君乱政，不择手段。这种情况下，人们的心灵不能不承受种种错乱和困惑，这就给当时的社会和文化产生重要影响。一方面，受儒家文化教育的知识分子在内心深处接受和认同儒家的文化观念与价值系统，但在现实中，统治者的很多行为恰恰有悖于儒家的价值观，这就导致了当时文化上的悖乱现象：很多知识分子，一方面放浪形骸，多做违背世俗的行为；另一方面心灵深处深受儒家文化的影响，认同这套价值体系。竹林七贤的阮籍、嵇康等人的思想和行为,都是这种文化错乱的外在表现。魏晋南北朝的时候,政治纷乱,各民族融合,也为各种文化的融合提供了某种适宜的土壤。儒家、道家、佛家等文化,互相激荡、阐释和融合,为中华文化的进一步发展提供了基础。

隋唐时期,中国政治统一,在魏晋文化融合的基础上,文化上也呈现出海纳百川的局面,各种文化气象万千。唐代的统治者对儒家、道家、佛家等都报以尊敬的态度,这对文化的发展起到了很好的推进作用。在这一时期,佛学开始出现飞跃的发展,禅宗、净土宗、华严宗、唯识宗、律宗、天台宗等各大宗派竞相争辉,各种宗派因机设教,异彩纷呈,创造了佛学繁荣发展的局面。针对佛学带来的挑战,儒学在理论框架、传承体系等方面,也要作出自己的解释体系,韩愈的"道统"说,就是这种背景的产物。中国佛学的一个杰出派别——禅宗,在弘扬佛法和培养法才的过程中,提出了从释迦牟尼佛到惠能大师的传承体系。这种清晰的传承体系,让人不仅感觉到佛学理论的圆融,而且让人心生敬佩和尊重。在这种情况下,服膺儒学的韩愈认为,中国的儒学同样有一以贯之的主旨,也有代代的传承体系,从尧舜禹到孔孟,这就是韩愈称谓的"道统"。可以说,所谓的儒家"道统",其实质是针对佛学的挑战而做出的一种理论阐释与创造。

到了宋代,中国的知识分子在经历了几百年文化的融合之后,开始显现出勃勃的创造力,理学和心学的出现就是很好的证明。理学以朱熹为集大成,心学以陆九渊为代表,二者看似有区别,实际上都代表了儒学和佛学等不同文化系统互融之后的文化景象。朱熹强调天理如明月,月映万川;陆九渊认为人人心中有本心,心同理同。在修行的方法上,朱熹主张格物致知以明天理;陆九渊主张发明本心以求良知。应该说,儒学发展到理学和心学阶段,呈现出一个新的高峰,无论是理论体系,还是思考的深度,都是里程碑式的变化。

在整个明代,中国社会开始发生渐微的变化,商品经济兴起,人们的生活观念也开始出现世俗化的现象,各种小说、戏曲的出现就是明证。其中,诸如《三国演义》《水浒传》《西游记》《金瓶梅》等小说的出现,都是那个时代人们思想观念的一种折射,如何应对人心糜烂和堕落,也成为很多思想家关注的时代课题。在人心嬗变的情况下,一些思想家开始注意到社会治理和收拾人心的艰难,王阳明的心学就是这个时代的产物。王阳明曾经说:"破山中贼易,破心中贼难。"由此可见,当人心出现各种杂乱思想的时候,儒家的知识分子开始注意到如何慑服人心的问题。

随着中国传统社会的黄昏到来,有清一代,闭关锁国的错误国策,文字狱的文化专制,导致中国政治走向保守,中国的文化也逐渐失去了生机勃勃的活力,开始逐渐走向僵化,于是金石、考据等成了清代文化的特点。除了戴震等少数的思想家有批判精神外,更多的人不过是考据者的角色,缺少思想的原创、批判和反思精神。而在这一时期,西方的社会已经实现了从中世纪到近代转型,工业革命极大地推动西方社会的突飞猛进,政治上的民主政治,极大激发了人们的活力和创造力;经济上的市场经济,大大促进了生产力的发展;文化的多元共生,为社会的发展也提供了多种反思和反省的土壤。在这样的世界大格局之下,中国的国运日渐衰微,必然要经历一个苦难与挣扎的再生过程。在苦难面前,一个民族如何回应和认知时代的潮流,如何在苦难面前反思自己的问题,决定了这个民族发展的未来。

在新旧时代转换的挣扎中,近代中国的一些知识分子,既由于世界大势的逼迫,也源自挽救中国危亡的责任,带着家国天下的赤诚,以各自的学科背景和视野来审视中国面临的问题,尝试就如何解决中国的困境提出自己的看法,形成了中国历史上又一次的"百家争鸣"。所谓的自由主义、科学主义、新儒家等等,都以各自的精彩和角度作出了各自的回答。这些思考尽管各有问题,但却是我们分析今天中国文化问题的重要资源。一个民族,有没有永续发展的根基和定力,能不能在各种考验面前不忘初心,能不能面对多元文化而海纳百川,能不能随着时代变革与时俱进,关系着一个民族的生命力和发展前景。

总之,中华文化历经几千年能够绵延不息,其中有太多值得我们重视的经验和教训。任何对中华文化问题的思考与解答,都必须建立在对中华文化历史的梳理之上,都必须根植于中国历史和社会的土壤,都必须明白中华文化思考了什么,面临的问题是什么,未来方向是什么。任何一个民族,没有文化的根基和时代的格局,都不可能拥有未来。因此,在历史的坐标面前,我们在思考发展中华文化面临的问题时,应该好好地梳理历史,总结历史文化给我们的营养和教训,清楚中华文化与时代潮流的关系,既要有充分的文化自信,又要清醒地看到自身的问题,从而面向未来,争取让中华文化为人类社会的进步做出更大贡献。

二　中华文化的主旨

　　我们在学习任何一个文化形态的时候，都要提纲挈领的把握其精神要义。孔子在讲授《诗》的时候，曾经用三个字概括：思无邪。这是一个真正文化大师的风范：不是拘泥于具体的文字和词义，而是能够在超越具体的文字之外，把握《诗》的真正主旨。可以说，《诗》的每一篇目，都体现了"思无邪"，是人们纯真性情的自然流露。

　　孔子针对自己的思想，也同样希望学生能够把握主旨。孔子曾经对学生曾参说："参乎，吾道一以贯之。"意思是说：曾参啊，我的思想有一以贯之的主旨。面对孔子的提醒，曾子回答："唯。"子出，门人问曰："何谓也？"曾子曰："夫子之道，忠恕而已矣。"（《论语·里仁》）还有一次，孔子问子贡："赐也，女以予为多学而识之者与？"就是说：子贡，你是否认为我见识多广而无所不知呢？子贡认可，并说："然。非与？"意思是：难道不是这样吗？孔子回答："非也。予一以贯之。"（《论语·卫灵公》）孔子强调：并不是这样，我的思想之中有一以贯之的东西在。可见，在一般人看来，孔子因材施教，对症下药，在不同的场合，针对不同的人、不同的情况，孔子总是有不同的回应，有的人甚至认为孔子思想散乱，缺少内在的严密逻辑，但实际上，在看似不相关的语言背后，贯彻了孔子一以贯之的东西。当然，我们从文献上看，无论是曾子，还是子贡，对究竟什么才是孔子思想中"一以贯之"的回答,孔子并没有肯定他们的说法,说明这些回答并不让孔子满意。

但我们从中可以得出这样的结论:我们只有把握了孔子一以贯之的精神主旨,才能更好地理解孔子的思想。或者说,这个一以贯之,才是孔子思想的精魂。我们将这个理念推而广之,不禁要问:中华文化洋洋洒洒,各种典籍汗牛充栋,各种学说纷繁庞杂,到底中华文化在讲什么? 中华文化中的各大家、诸圣贤东说西说,到底意图何在? 这其中一以贯之的主旨是什么? 如果我们沉溺于一些具体的说教,迷乱于各大家在特定场合的说法,那么,不免会陷于困惑,迷失在细枝末节的表述中而失去对中华文化真正精神和主旨的把握。

实际上,不仅仅是儒家在强调一以贯之,道家也在说"圣人抱一为天下式",佛家也有"法印"之说。所谓"法印",其实就是佛家思想的主旨和根本大法,违背了这个"法印",那就不是真正的佛法。因此,本文试图实现这样一个目的:通过对中华文化之中一以贯之的主旨的阐释和概括,告诉读者朋友中华文化到底在关注什么问题,并作出了什么样的回答。理解了中华文化的主旨,大家就可以不被具体的各种说教所困惑,从而真正理解中华文化的本来面目。也只有这样,我们才能真正理解中华文化,才能结合不同的具体时代环境,创造性地传承和弘扬中华文化。否则,如果我们对中华文化到底在讲些什么,都不能真正把握,那无论我们读多少中华文化的书,都谈不上真正地了解中华文化,更谈不上真正地传承和弘扬中华文化。对此,《易传》曾将文化区分为"形而上之道"与"形而下之器",这是非常有智慧的见解。所谓"道",往往体现了人类对人生和宇宙命运的深沉思考,折射了人类精神自我觉醒的永恒智慧,需要我们永远加以继承。但是,在不同的时期,"道"如何显现,如何加以贯彻，却有一个与时俱进的问题。而这个"道"，其实就是一以贯之的主旨。

（一）从朱熹的十六字心传说起

任何一个思想体系，都有他的主旨和精神内核。在思想史上，南宋思想家朱熹把《尚书·大禹谟》中的十六个字"人心惟危，道心惟微；惟精惟一，允执厥中"视为儒家文化的心传，集中概括了儒家文化的意旨。既然朱熹将这四句话视为儒家文化的心传，可见这四句话包含了儒家文化乃至整个中华文化的密码。今天，我们就借用朱熹的这个看法，来探讨中华文化的主旨和心传家法到底是什么。

首先我们看前两句话："人心惟危，道心惟微"，从字面的意思看，儒家的典籍将人心分为"人心"和"道心"，而且在儒家看来，"人心"是很危险的，而"道心"则是很微弱的。那么，我们不禁要问：到底什么是"人心"和"道心"？为什么"人心惟危，道心惟微"？这就需要我们首先从"人心"和"道心"的内涵说起。为了更好地理解《尚书》的这两句话，我们借用孟子的思想做一个分析。在谈到人心时，孟子有一个说法：

> 人皆有不忍人之心。先王有不忍人之心，斯有不忍人之政矣。以不忍人之心，行不忍人之政，治天下可运之掌上。所以谓人皆有不忍人之心者，今人乍见孺子将入于井，皆有怵惕恻隐之心，非所以内交于孺子之父母也，非所以要誉于乡党朋友也，非恶其声而然也。由是观之，无恻隐之心，非人也；无羞恶之心，非人也；无辞让之心，非人也；无是非之心，非人也。恻隐之心，仁之端也；羞恶之心，

义之端也；辞让之心，礼之端也；是非之心，智之端也。人之有是四端也，犹其有四体也。有是四端而自谓不能者，自贼者也；谓其君不能者，贼其君者也。凡有四端于我者，知皆扩而充之矣，若火之始然，泉之始达。苟能充之，足以保四海；苟不充之，不足以事父母。

（《孟子·公孙丑上》）

孟子的意思是说，在人心中有慈爱、正直、是非、恻隐等积极的力量，即恻隐之心，是非之心，羞恶之心，辞让之心，这些就是人心的善端，如果加以教育和引发，就培养成仁义礼智的优良品质。但人心之中也有一些让人堕落的消极力量，加上外在环境的诱惑，会引发人走上堕落和犯罪的道路。这些人性之中积极的力量，其实就是道心，孟子称之为"良知"。而那些自私、狭隘、偏见等让人堕落的力量，就是"人心"。如果我们体会我们的心理世界，就会发现《尚书》和《孟子》讲述得非常有道理。大家看到社会上的不公平，看到苦难的人或者事情，会有自然而然的同情和怜悯，这就是孟子指出的恻隐之心、是非之心等，这是一个人天生就有的一种让人正直和慈悲的力量。可以说，所有人类社会创造的丰功伟绩，所有人类文明的光辉，所有人性的善良和美好，都是因为人的心里面有道义、有正直、有仁爱、有怜悯。但是当一个人沉陷于自己的贪欲，戕害了自己本来具有的良善之心，最终会泯灭心中本具有的那种良知。大家无论观察现实生活，还是研究以往的历史，会发现很多人不是没有道德良知，而是经不起外在的诱惑，不注意加以养护自己的道心，最终导致人生沉沦，一错再错，甚至导致家破人亡的悲剧。而且当一个人的良知和贪欲相遇时，往往是良知的光亮透不过欲望的诱惑，"好人"变成了"坏人"。正因为如此，《尚书》才说"人心惟危，道心惟微"。可以这样说,养好自己的道心,是一生的功课。

对于人性之中的善良是如何迷失的,孟子有一个解释。首先他肯定这些善端是人性本来就有的:

> 恻隐之心,仁也;羞恶之心,义也;恭敬之心,礼也;是非之心,智也。仁义礼智,非由外铄我也,我固有之也,弗思耳矣。故曰:"求则得之,舍则失之。"或相倍蓰而无算者,不能尽其才者也。《诗》曰:"天生蒸民,有物有则。民之秉彝,好是懿德。"孔子曰:"为此诗者,其知道乎!故有物必有则;民之秉彝也,故好是懿德。"(《孟子·告子上》)

在孟子看来,人人心中本来就有的这种良善,并非是外部给人强加的内容,即仁义礼智"我固有之",只要自己希望并努力去做,就可以做到。有些暴徒谈到父母的养育也会号啕大哭,很多贪官谈到曾经的初心也是懊悔不已,这都体现了"道心"的自我反省作用。我们继续追问:既然这种良善是人人具有,可为什么这些良善在某些人的心中慢慢泯灭呢?孟子认为:

> 富岁,子弟多赖;凶岁,子弟多暴,非天之降才尔殊也,其所以陷溺其心者然也。今夫麰麦,播种而耰之,其地同,树之时又同,浡然而生,至于日至之时,皆熟矣。虽有不同,则地有肥硗,雨露之养,人事之不齐也。故凡同类者,举相似也,何独至于人而疑之?圣人,与我同类者。故龙子曰:"不知足而为屦,我知其不为蒉也。"屦之相似,天下之足同也。口之于味,有同耆也;易牙先得我口之所耆者

也。如使口之于味也，其性与人殊，若犬马之与我不同类也，则天下何耆皆从易牙之于味也？至于味，天下期于易牙，是天下之口相似也。惟耳亦然。至于声，天下期于师旷，是天下之耳相似也。惟目亦然。至于子都，天下莫不知其姣也。不知子都之姣者，无目者也。故曰，口之于味也，有同耆焉；耳之于声也，有同听焉；目之于色也，有同美焉。至于心，独无所同然乎？心之所同然者何也？谓理也，义也。圣人先得我心之所同然耳。故理义之悦我心，犹刍豢之悦我口。（《孟子·告子上》）

孟子认为，一个好的年景，风调雨顺，人就会变得惰懒，因为不用辛苦就会有好收成；一个不好的年景，很多人为了吃上东西，难免会偷抢，这就会让很多人变得刁蛮和暴戾。我们不能说一个人天生就是恶人，实际上是因为一个人的心不能做主而被环境左右的缘故，受到外在环境的影响而走向堕落。人作为同类，例如仁义道德，人人本具，并非圣人的专有，一个人能否成为志士仁人，就在于这个人愿意还是不愿意努力护养道心罢了。儒家所说的"人人皆可以为尧舜"，其实就是说由于人人都有"道心"，所以只要好好地养护"道心"，并让"道心"做主，都可以实现人生的超越。所以，孟子特别强调护养道心的重要性：

牛山之木尝美矣，以其郊于大国也，斧斤伐之，可以为美乎？是其日夜之所息，雨露之所润，非无萌蘖之生焉，牛羊又从而牧之，是以若彼濯濯也。人见其濯濯也，以为未尝有材焉，此岂山之性也哉？虽存乎人者，岂无仁义之心哉？其所以放其良心者，亦犹斧斤之于木也，旦旦而伐之，可以为美乎？其日夜之所息，平旦之气，其好恶与人相近也者几希,则其旦昼之所为,有梏亡之矣。梏之反覆,则其夜气不足以存;夜气不足以存,则其违禽兽不远矣。人见其禽兽也,而以为未尝有才焉者,是岂人之情也哉?故苟得其养,无物不长;苟失其养,无物不消。孔子曰:"操则存,舍则亡;出入无时,莫知其乡。"惟心之谓与?(《孟子·告子上》)

在孟子看来,人的心即便是有良知和道义,有成为圣贤的德性和可能,但如果并不注意养护,在受到诱惑的时候不能控制自己,不能"三省吾身",人的心性就会受到污染。即便是偶尔冲动做一点好事,但由于不能持之以恒,不能经常点亮自己的智慧和良知,所以仍不免逐渐沉沦。对此,孟子又说:

虽有天下易生之物也,一日暴之,十日寒之,未有能生者也。吾见亦罕矣,吾退而寒之者至矣,吾如有萌焉何哉?今夫弈之为数,小数也;不专心致志,则不得也。弈秋,通国之善弈者也。使弈秋诲二人弈,其一人专心致志,惟弈秋之为听。一人虽听之,一心以为有鸿鹄将至,思援弓缴而射之,虽与之俱学,弗若之矣。为是其智弗若与?曰:非然也。(《孟子·告子上》)

孟子的意思是,一个再容易养活的生命,只是偶尔地对他好,大多数的时间都不去管他,最终也会凋零。真如同学习下棋,老师教得再好,自己脑袋总是走神,想着空中的天鹅,怎么可能学好呢?就如同我们心中有良知,愿意做一个堂堂正正的人,可是从来都不注意养浩然之气,不懂得交志同道合的朋友,经常出入娱乐场合,和一些狐朋狗友吃吃喝喝,结果恐怕就不免沉沦。孟子在这里的分析,和孔子所言的"非礼勿视,非礼勿听,非礼勿言,非礼勿动"有相通的地方。当一个人的定力不够的时候,一定要尽可能避免去一些让人堕落的地方。一个人的心有很多可能,自己究竟成为什么样的人,很大程度上取决于自己如何把握。

孟子的这些话,不仅对于我们修养心性有莫大的帮助,而且做任何事情皆然。《佛遗教经》言:制心一处,无事不办。如果我们不能集中心智做一件事,不能带着至诚之心做一件事,而是患得患失,得陇望蜀,恐怕会一事无成。有一次,我出差从武汉返回北京,航班上正好与一位企业家邻座。他在海外生活多年,后回到祖国创业,算是见多识广,事业有成。我问他:您作为企业家,每年招聘毕业生,请问您对当前的年轻人有什么看法? 他说,如果我概括当今年轻人普遍存在的问题,那就是:坐不住。一个不能安静坐下来做一件事情的人,怎么可堪大用? 我继续问:还有其他让您觉得严重的问题吗? 他说:再就是听不得批评,一旦听到批评的话,要么脾气暴躁,要么拂袖而去。我觉得这位企业家观察得非常好,"坐不住"这三个字,听起来很简单,实际上包含了人生的大道理。不独是养护我们的善心,无论我们做任何事,如果不能沉下心来做,不能心无旁骛地努力,很难取得成就。真正有大修为的人,无论机缘交付给我们什么样的工作,都应该力除心浮气躁,都能够懂得随遇而安,都能够将心神定下来,集中精力把事情做好。

通过对孟子思想的阐发,我们会发现孟子思想的如下逻辑:人人心中都有一个积极向上的内容或者力量,这是人性之中的真、善、美,简而言之称之为良知。这个良知外在的表现则为仁义礼智信等人类的美德,这个美德不是外在的赋予,而是人人自己具足。但是,由于一些人没有真正发挥这种内在良知的觉悟能力,再加上经不住各种诱惑的影响,开始逐渐丧失人类的美德,其德性和人格也会逐渐地堕落。对于孟子的上述认识,我想到了在某一本杂志上看到的一个贪腐官员自我反省的案例:他曾经是一个高官,从小接受家庭的良好教育,认为做人要坦荡,不是自己的东西不要动心思,其本人很聪明,也想做一番事业。大学毕业后参加工作,后来成为某大城市的高级别领导人。由于这个城市的房价很贵,于是有一些地产商人就希望他可以帮助多拿地,在地产市场上取得大量利润。事成之后,地产商当然要回报这位高官。据这位高官自己的忏悔录叙述:地产商就带他去了当时的一家娱乐场所,第一次去的时候很忐忑,这位高官心里觉得有组织的信任,有家庭的教育,诸如此类的自责都让他觉得不安。但是,最终没有经得起诱惑,还是去了。自此之后,他的心里开始发生变化,从心里的不安到心里很想去,最后导致每天上班的时候,想的都是"娱乐场所的情节",一下班就希望到那样的地方。最终东窗事发,锒铛入狱,判以重刑。这个人的经历就能很好地例证孟子的思想:当别人邀请他去娱乐场所鬼混的时候,他开始觉得不安和自责,这就是"良知"和"道心";但最后还是去了,则是"欲望"和"人心"在作祟。而且,这个人之所以"下水"并走向犯罪的道路,就是因为道义的力量没有战胜欲望的诱惑,一步步沉沦,导致完全陷入泥潭,最终把自己的人生葬送掉。因此,我们会发现:人们不能简单地对一个人作出好坏的评价,很多人的错误,都是因为没有注意养护自己的良知,没有能够管好自己,最终导致一步步地丧失警惕,一步步地偏离做人的正确方向。很多人带着侥幸心理,认为吃喝玩乐、贪赃枉法也未必有人发现。其实,这个世界上,只要你做了,就没有可能不被人知道,尤其是在今天的信息时代,各种通讯手段发达,我们都应该警钟长鸣。当然,有人会说这些问题需要加强制度建设来解决,这固然有道理;但可以肯定的是再严密的制度和法律,都管不住人心。而且当外在的制度规定不能做,而一个人的内心却蠢蠢欲动时,这种心灵的煎熬也是非常痛苦的。从这个意义上说,孔子所描述的"七十从心所欲不逾矩",是非常值得我们学习的道德境界。

分析到这里,我们就可以对《尚书》中的"人心惟危,道心惟微"做一个解释:所谓的"人心",就是指追求自己私欲的贪得无厌的心,那种看见利益就想据为己有的心。所谓的"道心",就是人心之中本来就有那种纯净的心,那种践行仁义礼智信的心,即良知之心。孟子将其称为:"人之所不学而能者,其良能也;所不虑而知者,其良知也。孩提之童无不知爱其亲者,及其长也,无不知敬其兄也。亲亲,仁也;敬长,义也;无他,达之天下也。"(《孟子·尽心上》)《尚书》之所以认为"人心惟危,道心惟微",原因在于人的贪欲之心经常让人堕落,甚至导致人们走上违法犯罪的道路,践踏起码的社会伦理。再说得直白一点,人生所有倒的霉,遇到的灾祸,几乎全部和自己的"人心"有关,大都是在欲望的驱使下做出的危及社会和自身的行为。孔子曾经说"无欲则刚",这是非常智慧的告诫。一个人,只要不被贪欲左右,他就能够保持浩然正气,能够保持清醒的头脑,在诱惑面前把自己管好,做自己该做的事情,不至于利令智昏与忘乎所以,不至于因为胡作非为而身陷囹圄。反之,一个人一旦被欲望左右,做了贪欲的奴隶,那么,这种人敢做任何违法乱纪的事情,任何道德原则,很难敌得过贪欲的诱惑。历史上种种的悲剧,现实中各种各样的人生教训,几乎都是缘于在贪欲面前不能管好自己,不能保持清醒的头脑,不能做出正确的决策。很多上当受骗的人,也与此有关。不客气地说,上当受骗这种现象能够发生,除了骗子的阴险和狡猾之外,还有就是受骗者的贪心。如果一个人没有贪心,没有占便宜的心理,骗子怎么得逞?

无论是在历史上还是现实中,有关"道心之微弱"不能战胜"人心之危险"的事例,可谓比比皆是。有些人曾经是很有道德操守的,甚至有造福一方的情怀,希望为国为民做一番事业,可为什么后来堕落犯罪呢?其原因就是这些人经不住贪欲的诱惑,不能在"人心"面前,把持自己的"道心"。这正是"人心惟危,道心惟微"的一种证明。孟子曾经讲:"大人者,不失其赤子之心者也。"(《孟子·离娄下》)这是非常值得我们深思的话,每一个人心中都有恻隐之心,都有一份良知和浩然之气。可问题的关键是,面对人生的种种考验和诱惑,我们怎样才能永远不丢掉自己的赤子之心,永远不丢掉自己的那份良知,永远不丢掉自己对人生的承诺和担当。正是因为儒家认识到了人性之中光亮的部分,认识到了人性之中道德和良知的力量,儒家大师真正做的工作和思考的问题,就是通过教化而引导人们觉悟自身本来就有的道心,从而让道心做主,真正做一个志士仁人。

　　"人心惟危,道心惟微",可以说是凝练了整个儒家乃至中国思想史的特点。儒家整个思想的大厦都是建立在对人性的理解之上,诸如孟子强调的仁政,历代儒家知识分子强调的社会政治理想、人生境界等,都是建立在人性能够净化的理想之上。

　　因此,我们在看待儒家思想的时候,切忌不要支离破碎,而是要把握其整个思想的内在逻辑。比如,孔子对于如何是"仁",在每一处的说法都不一样。对于这一点,很多人不理解,甚至提出尖锐的批评,包括黑格尔就认为孔子不是真正的哲学家,不过说了一些伦理的教条。这恰恰证明了黑格尔对中国文化的无知和浅薄,因为他读不懂中国文化。其实,对于孔子的仁,我们不妨从两个角度作出理解:其一,仁是一种境界,是一个人在心灵完全净化之后呈现的状态,这可谓仁的"体"。其二,具备这种状态之后,会有什么表现? 这种达到"仁"境界的人,怎么样待人接物、处理事情? 这可谓仁的"用"。据此,我们就可以很好地了解孔子关于"仁"的思想。孔子之所以在不同的场合、针对不同的人,对什么是"仁"作出不同的解释,其原因就在于"仁"这种状态并不是一个僵化的模式,针对不同的人或者问题,当然会有不同的结论。整个儒家的思想也是如此。如果对儒家思想的内在体系做一个总结,可以分为这三个问题:第一,基于对人性的判定,儒家认为经过一系列的教化、净化和升华,人们可以达到人格的理想境界。第二,对于如何从人心和道心夹杂的普通人状态,修养成心灵净化的道心澄明状态,儒家提出了一系列的方法。第三,这种道心澄明之后的状态到底是什么,儒家也有一些说明。这其实就是儒家思想的一个内在体系,有了这个总结,我们在审视儒家的时候,就不会感觉支离破碎,就会发现儒家思想看似内容庞杂之背后的内在关联。

可以说,对人性的看法,是整个儒家思想的根基。正是基于对人性之中道心和人心的解读,儒家提出了人人皆可为尧舜。也正是基于对人性之中道心的体认,儒家的政治思想走上了强调教化提升人格、将国家的希望寄托在圣君贤相的治理思路,这也就是我们所谓的"人治"思想。对于人治,我们不能笼统地说好与坏,而是要放在特定的环境下予以思考。如果人治思想非常不好,那么,我们怎么解释历史上的辉煌和灿烂文化? 但是,历史已经发生巨大转变,当今社会已经发生重大变化,我们已经不可能再简单地称赞什么人治,而是要看到人性的复杂,不仅要相信人性之中有向上的力量,也要看到人性之中让人堕落的力量。如果我们轻易信任人性,就会给一些伪善的人创造机会。过于相信人性的善良,人人都说一些冠冕堂皇的话,但现实中的人根本做不到,结果必然引发人性的伪善,更会侵蚀社会道德根基,引发人们对道德的反感和不信任。反过来,如果我们对人性完全不信任,认为人的本性就是自私,否定崇高,结果会引发社会风气的恶变,更严重的是会赋予恶劣行为合法性,扭曲整个社会的价值导向,这也是非常危险的倾向。正确的态度是理性中道地看待人性,既看到"人心",也看到"道心";既要通过严密的制度建设防范人性之恶,同时也要通过人文教化启发人性之中的善良和积极的力量,引导人们逐渐地成为纯净的人和高尚的人。唯有如此,我们才能更好地治理社会,才懂得尊重历史,正视现实,与时俱进。

(二)启发人类的道心和觉性——中华文化努力之方向

经过以上的分析,我们再阅读中国的思想史,对于历代伟大思想家的思想主旨就有了概括性的认识。正是基于对人性的理解,中华文化努力的方向,就是不断地引发人们去觉悟道心,节制人心,从而善养浩然之气,做堂堂正正的人。推广开来,无论是儒家、道家、佛家,无一不是认为:人心之中,本就有一个纯净的本性,不过儒家称之为"良知",道家称之为"真心",佛家称之为"佛性"。尽管不同的文化其称呼不一样,但无一不认为既然人人都有这种觉悟能力,所谓的成圣、成仙、成佛,其实就是恢复人们的这种本来就有的觉悟能力。当然,在净化心灵的问题上,存在不同的程度,但中国历代圣贤努力的终极方向,就是澄明道心,超越人心。所以,学习中华文化有一个很重要的特点,那就是减法:既然人人本来就有觉悟的能力,而这种觉悟能力又被各种贪欲和束缚蒙蔽,那圣人们要做的不是送给人们什么,而是引导人们不要被外在的诱惑所迷惑,不要在外在的追求中迷失本性,而是要不断地减去蒙蔽在纯净心性之上的灰尘,从而恢复道心的本来面目,所以中国的禅宗祖师大德才告诉求法者:我没有什么送给你,只不过是帮助你去掉道心上的污点而已。所以,中华文化语境中的道德教育,不是简单地教给人要做什么,不要做什么,不是教给人几条道德规则,而是通过人心的净化,让自己的良知做主。一句话,就是养护每一个人心中都有的道德觉性。这种道德觉性的外在表现就是道德判断、道德评价和道德操守。我们如果追问今天的教育,这样那样要求的背后,我们不免要问:教育的真正目的是什么?难道仅仅是教给学生一点谋生的知识和技能吗? 客观地说,教育固然有传授知识、教给人谋生技能的责任,但更根本的则是净化人的心灵、滋养人的道心,让受教育者知道人生的意义、责任、使命和担当,从而做一个堂堂正正大写的人。也只有真正启发了一个人的道心,才能升起生命的责任和使命,才能将外在的说教转化为一个人的内在自我约束与使命感。如果连教育真正的目的都不知道,我们又如何做好教育?

那么,儒家、道家、佛家,在根本的意旨上有共同之处,难道他们之间没有区别吗? 区别当然有,近代佛学大德太虚大师,曾经对儒释道三家的区别,有一个很好的解释:仰止唯佛陀,完成在人格;人成即佛成,是名真现实。也就是说,尽管儒释道三家,都在讲本心,都在讲恢复道心,那我们不禁要问:这个道心究竟是什么? 如何才能恢复人心之中的道心?恢复道心的过程和阶段是什么? 人们在恢复道心的过程中或者道心澄明之后的境界是什么? 对此,儒道佛又有区别。总起来讲,儒家关注的中心在人间,目的是引导人们立人伦、振纲常,把人的责任尽到,实现理想的大同世界。道家则是对人世间的超越,主张无所待,不被名缰利锁束缚,追求逍遥之境。而佛家最为彻底,对什么是道心,如何实现道心,实现道心的过程、阶段和境界是什么,都做了清清楚楚的说明。因此,三家既是一体，又分出不同的层次。儒家是完成人格，道家是超越人世间，而佛家则是彻底的究竟和圆满。但是，如果没有起码的人格和德行，无从谈起学道、学佛，从这意义上，太虚大师讲：仰止唯佛陀，完成在人格；人成即佛成，是名真现实。也就是说，在佛学大德看来，一个学佛的人，首先应该学做人，人格是一切成就的基础，一个人格都不具备的人，一个连自己的本分都做不好的人，无从谈起学道学佛。从这个意义上说，儒家是中华文化的根基，中华文化所推崇的境界，都是以人格的完善为基础。

在了解了中华文化的主旨之后，我们就可以分开来介绍中华文化的基本流派，阐发他们各自的思想逻辑与主要内涵，这样就可以让大家对中华文化有一个较为全面的认识。只有得其要旨，我们学习中华文化才能提纲挈领，得其门而入。

三　儒家的圣贤气象

通过前面对朱熹、孟子等思想的解读,我们可以得出:儒家思想的一切归宿,就在于启迪人们内在的良知,唤醒人们本来具有的道德觉性,恢复人们的清净自性。简而言之,所谓儒学大家,莫不是引导善养浩然之气,成就大丈夫气象。我们知道,文化典籍是传播思想的载体,儒家思想的经典经过几千年的阐发,也是蔚为大观。我们不可能面面俱到的做出解释。但是,文化如同一棵树,所有的枝繁叶茂,无非是根系和枝干的生发。因此,我们在这里只是以儒家的元典——五经四书中具有典型意义而且能够代表儒家思想的文本作为依托,借此梳理和总结儒家思想的本来面貌。

(一)《易经》

对《易经》的研究,可谓中国学术史上持续的热点,几千年经久不息。中国改革开放以来,伴随经济发展,很多人对《易经》产生兴趣,把《易经》视为预测吉凶的"神书"。我们抛开环绕在《易经》之上的种种迷雾,就其精神主旨和内在智慧做一点介绍。

尽管在学术上人们对《易经》有不同的看法,但可以确定,《易经》

的形成、完善,经历了一个长期的历史过程,一直到西周初期,经过周文王的阐发,才形成比较稳定的文本——《周易》。后来(大约在春秋战国时期),中国的知识分子——主要是儒家的思想家,在研究《易经》时,将自己的体会或者研究成果加以整理,这就是《易传》。无论是从历史的发展过程看,还是从中国思想史的逻辑看,《易经》及《易传》,无疑是中国思想文化的源头,对其他各家的思想都产生过重要影响。《易经》和《易传》的内容广博,思想深刻,我们不可能面面俱到地阐述,只能就其要点简单做些介绍。

1.宇宙生成与演进法则

首先,《易经》对整个宇宙的运行、生成过程和规律,做了独特的描述。任何一个深刻的思想体系,都不能回避人类文明和宇宙的本原问题。诸如人类和宇宙从哪里来? 演进的规则是什么? 面向未来的方向是什么? 等等问题,都是吸引人类永远思考的问题,这也是人类思考其他问题的"根"。在哲学史上,本体论的问题,是哲学研究的根基问题。对此,《周易》就提出了自己的独特思考。

对于世界衍生的秩序和规则,《易传》中有描述:易有太极,是生两仪,两仪生四象,四象生八卦,八卦定吉凶,吉凶生大业。我们很难用清楚的语言描述出《易经》对于世界秩序衍生的解释,大致说来,《易经》认为在宇宙之初,从没有分别的太极,再到两种力量的分野,再到不同力量之间的互融,最后形成我们今天的这个世界。《易经》对世界的认知,借用了符号的方式,如乾、坤、离、坎等八种符号,每一种符号与世界能量的运行状态表现形式相契合。比如,乾与生生不息的能量状态相吻合,坤与厚德载物的能量状态相吻合。正是这种能量的运动方式与状态,包含了事物"吉"和"凶"的信息。八卦不仅反映着能量的运行状态,而且也是宇宙时空的坐标。《易经》正是通过八卦之间的排列组合,来推知事物的发展趋势。对于我们这个世界的生成与演化规律,《易传》作了这样的概括:

> 帝出乎震,齐乎巽,相见乎离,致役乎坤,说言乎兑,战乎乾,劳乎坎,成言乎艮。万物出乎震,震东方也。齐乎巽,巽东南也,齐也者,言万物之洁齐也。离也者,明也,万物皆相见,南方之卦也。圣人南面而听天下,向明而治,盖取诸此也。坤也者,地也,万物皆致养焉,故曰致役乎坤。兑,正秋也,万物之所说也,故曰说言乎兑。战乎乾,乾西北之卦也,言阴阳相薄也。坎者,水也,正北方之卦也,劳卦也,万物之所归也,故曰劳乎坎。艮,东北之卦也,万物之所成终,而所成始也,故曰成言乎艮。(《易经·说卦传》)

这实际上在时空四维的框架内,对世界万物发展的过程作出描述和概括。世界运行,从震这个方位开始发蒙,到了巽这个方位有了一定的规模,到了离这个方位的时候,已经蔚为可观,到了坤这个方位的时候,万物已经开始孕育。然后再经过兑、乾、坎、艮这几个方位的发展变化,实现事物发展的周期。这和我们一年的周而复始也有直接的关联,春天相当于震,春夏之交相当于巽,夏天相当于离,而夏秋之交则相当于坤。大家看一年之内各种生命的孕育,大致就是从震开始发育,到秋天收获的过程。

由此可见《易经》的布局,实际上是中国人对世界运行秩序的一种理解方式,中华民族的祖先们用自己的一套话语体系和符号方式在建构和演绎着对世界的理解和认知。更具体地说,所谓的《易经》六十四卦,不过是对事物发展具体过程的描述。六十四卦，就是事物发展的六十四个阶段，在这些不同阶段中，事物处于什么状态？存在什么问题？应该注意什么？发展的方向是什么？对于这些问题，《易经》都给出了自己的答案。比如，《易传》曾经这样解释《易经》六十四卦：

> 有天地，然后万物生焉。盈天地之间者唯万物，故受之以《屯》。《屯》者，盈也；物之始生也。物生必蒙，故受之以《蒙》。《蒙》者，蒙也；物之稚也。物稚不可不养也，故受之以《需》。《需》者，饮食之道也。饮食必有讼，故受之以《讼》。讼必有众起，故受之以《师》。《师》者，众也。众必有所比，故受之以《比》。《比》者，比也。比必有所畜，故受之以《小畜》。物畜然后有礼，故受之以《履》。《履》者，礼也。履而泰然后安，故受之以《泰》。《泰》者，通也。物不可以终通，故受之以《否》。物不可以终否，故受之以《同人》。与人同者，物必归焉，故受之以《大有》。有大者不可以盈，故受之以《谦》。有大而能谦必豫，故受之以《豫》。豫必有随，故受之以《随》。以喜随人者必有事，故受之以《蛊》。《蛊》者，事也。有事而后可大，故受之以《临》。《临》者，大也。物大然后可观，故受之以《观》。可观而后有所合，故受之以《噬嗑》。嗑者，合也。物不可苟合而已，故受之以《贲》。《贲》者，饰也。致饰然后亨则尽矣，故受之以《剥》。《剥》者，剥也。物不可以终尽，剥，穷上反下，故受之以《复》。复则不妄矣，故受之以《无妄》。有无妄，然后可畜，故受之以《大畜》。物畜然后可养，故受之以《颐》。《颐》者，养也。不养则不可动，故受之以《大过》。物不可以终过，故受之以《坎》。《坎》者，陷也。陷必有所丽，故受之以《离》。《离》者，丽也。

有天地，然后有万物；有万物，然后有男女；有男女，然后有夫妇；有夫妇，然后有父子；有父子，然后有君臣；有君臣，然后有上下；有上下，然后礼义有所错。夫妇之道，不可以不久也，故受之以《恒》。《恒》者，久也。物不可以久居其所，故受之以《遁》。《遁》者，退也。物不可以终遁，故受之以《大壮》。物不可以终壮，故受之以《晋》。《晋》者，进也。晋必有所伤，故受之以《明夷》。夷者，伤也。伤于外者必反其家，故受之以《家人》。家道穷必乖，故受之以《睽》。《睽》者，乖也。乖必有难，故受之以《蹇》。《蹇》者，难也。物不可以终难，故受之以《解》。《解》者，缓也。缓必有所失，故受之以《损》。损而不已必益，故受之以《益》。益而不已必决，故受之以《夬》。《夬》者，决也。决必有所遇，故受之以《姤》。《姤》者，遇也。物相遇而后聚，故受之以《萃》。《萃》者，聚也。聚而上者谓之升，故受之以《升》。升而不已必困，故受之以《困》。困乎上者必反下，故受之以《井》。井道不可不革，故受之以《革》。革物者莫若鼎，故受之以《鼎》。主器者莫若长子，故受之以《震》。《震》者，动也。物不可以终动，止之，故受之以《艮》。《艮》者，止也。物不可以终止，故受之以《渐》。《渐》者，进也。进必有所归，故受之以《归妹》。得其所归者必大，故受之以《丰》。《丰》者，大也。穷大者必失其居，故受之以《旅》。旅而无所容，故受之以《巽》。《巽》者，入也。入而后说之，故受之以《兑》。《兑》者，说也。说而后散之，故受之以《涣》。《涣》者，离也。物不可以终离，故受之以《节》。节而信之，故受之以《中孚》。有信者必行之，故受之以《小过》。有过物者必济，故受之以《既济》。物不可穷也，故受之以《未济》，终焉。（《易经·序卦传》）

《易传》认为，天地宇宙的演化，从有天地开始，然后才能生长万物，万物开始生长的时候，先是能量的集聚和充实，在这个状态，万物即将破土萌生，这就是《屯》；任何一个事物，有了能量的集聚和充实，就会破土而生，这就是《蒙》，这就是一个事物刚刚萌生的状态。这个状态，是最需要呵护和补给能量的状态，下一个卦就是《需》；当很多人在争取资源的时候，就会发生争执，这就会引发《讼》。当有很多争执的时候，就需要有人领导和规范，这就是《师》。在领导众人的过程中，就会产生秩序和比较，就需要有人跟随，这就是《比》。有了领导，大家有秩序的跟随，就会取得一点小成就，这就是《小畜》。有了初步的小成就之后，就要用礼节和规矩进行约束，这就是《履》。这个时候，物质上有了一定积蓄，人们有秩序、有规矩，生活安定，这就是《泰》。可人性的弱点就在于一旦遇到风生水起，就容易飘飘然，物极必反，从而导致出现重大挫败，这就是《否》。当事业遭遇挫败的时候，大家好好反省，团结起来，应对难关，这就是《同人》。一旦大家团结起来，人心齐，泰山移，这就是《大有》。当局面发达之后，切不可骄傲自满，这就是《谦》。事业发达，做人谦卑，虚心学习，就会出现更好的局面，这就是《豫》。人一旦发达有点成绩之后，就会有人聚集，这就是《随》。可是，当很多人追随的时候，就会有小人说一些谗言，这就是《蛊》。限于篇幅，我们不准备对上面的每一个卦象都作出解释，大家可以自己阅读。有一点需要提醒：《易经》不是什么故作神秘，而是中国先人对世界发展秩序的一种理解方式。所谓的六十四卦，每一卦都对应着事物发展的某种状态。《易传》的这种看法，来源于《易经》对世界万事万物发展规律的认识，这种规律不仅是对自然界的概括，也包括了对人事的体察。

从《易经》六十四卦的布局看，第六十三卦为《既济》，而六十四卦为

《未济》。所谓《既济》，意味着事物的完成，而《未济》则是事物的开始与未完成状态。《易经》的这种安排，也是对世界秩序的理解，世界的发生、发展与完成是一个无限接续的过程。在这个过程中，成也，毁也，周流不止，川流不息。《易经》对世界的观察，有一种"理性的残酷"。世间万物，无不是"成也""毁也""否也""泰也"之间的轮回。不管你接受还是不接受，百花盛开的时候，恰也是落叶飘零的开始，刚刚圆满，又到了说分手的季节。因此，从这个角度上看，《易经》是对世界发展过程的如实反映，尝试着以自己的方式诠释着对世界秩序的理解。而且，《易经》对于世界的观察，直到今天，都是我们应该自觉学习的大智慧。比如，在《革》卦之后，就是《鼎》，这种将变革的思想与"鼎"联系起来，实际上体现了中国先人认识到任何事物的变革，都不会是一蹴而就，都是如鼎蒸熟食物一样，糅合了各种力量，经过一个逐渐的过程。事实上，任何巨大的社会变革之后，往往是民生凋敝，最需要的就是休养生息。《易经》的这个思想，对于今天我们如何理解社会变革具有重要的现实意义。近代以来，中国积贫积弱，如何救亡图存，如何实现旧邦维新，一直是中华民族面临的严峻挑战。客观地讲，从一个带有各种积弊的传统中国，转向一个与时代潮流相契合的新中国，我们面临的是一个前所未有的挑战，需要处理好方方面面的问题，而且无论是旧事物退出历史的舞台，还是新事物的逐渐培育，都需要一个渐进的过程。因此，如果领悟了《易经》的智慧，我们就会有足够的耐心，顺应中国社会转变的内在规律，而不是人为地推波助澜，拔苗助长，甚至急躁冒进，最终造成国家的严重损失。对于个人同样如此，任何一个人命运的改变，都不是一夜之间就可以完成，都是需要积蓄足够的力量，才能当机会来临的时候把握机缘，水到才能渠成。世界上看似很多的突变，都是事物的渐进变化到了一定程度之后呈现的状态。简言之,我们不仅要看到灿烂的花开,更要看到每一个花开的背后,都需要很多滋养和浇灌。

《易经》的这种智慧,与中医也有着内在的关联。所谓的身体健康,就是身体阴阳两种力量的平衡,是身体能量运转的畅通。所谓的疾病,实质上是身体内部力量的失衡所导致。以此观之,《易经》并非是什么单纯的卜算之书,而是对宇宙秩序和运行规则的一种描述。所谓的吉凶,不过是对当下事物存在状态的一种概括。事物的任何一种存在状态,无所谓吉凶,人们只要能够因势利导,坦然面对,正视问题所在,采取正确的态度和方法,就可以趋利避害,逢凶化吉,变不利为有利。

2.如何实现宇宙秩序的和谐

《易经》不仅对世界的演化过程进行了描述,而且对于如何保持世界秩序和谐问题作出了自己的回答。

我们以《易经》中的两个卦——"泰"卦和"否"卦为例,来说明中国文化对于如何实现世界秩序的和谐问题作出的解读。

其一:"泰"卦,卦象是"坤"上"乾"下, 。对于这个卦的状态,《易经》称之为"泰"《易经》这样解释:"小往大来,吉亨。《彖》曰:'泰,小往大来,吉亨。'则是天地交而万物通也,上下交而其志同也。内阳而外阴,内健而外顺,内君子而外小人,君子道长,小人道消也。"

在中国文化里成长的人,对于"泰"这个字都不陌生,对于国家的希望,人们常说国泰民安;对于一个人的大气和沉着,称之为处之泰然。那么,这样具有美好意蕴的卦象,《易经》称之为"天地交","万物通","上下交","其志同"。我们怎么理解"泰"卦的这个说法呢?在《易经》的意象符号中,"乾"象征着"天",是一种向上的力量;"坤"象征着"地",

是一种向下的力量。而"泰"卦的卦象是地在上，天在下，那么向上的力量与向下的力量就形成"交感"，这就是上面提到的"天地交"与"上下交"，这种不同力量的交融的状态，《易经》称其为"泰"。

其二：我们再看"否"卦。"否"卦的卦象是"乾"上"坤"下，☷。这个卦的状态，《易经》称之为"否"。《易经》这样解释："否之匪人，不利君子贞，大往小来。《象》曰：'否之匪人，不利君子贞，大往小来。'则是天地不交而万物不通也，上下不交而天下无邦也。内阴而外阳，内柔而外刚，内小人而外君子。小人道长，君子道消也。《象》曰：天地不交，否；君子以俭德辟难，不可荣以禄。"

对于"否"这个词，中国人也很熟悉，当一个很不顺利、很沮丧的时候，我们总是劝慰：振作起来，很快就会"否极泰来"。《易经》为什么将"天在上、地在下"的卦象称之为"否"呢？《易经》这样解释："天地不交"，"万物不通"；"上下不交"，"而天下无邦"。《易经》之所以这样认为，是因为《否》的卦象：天在上，地在下，在这样的状态下，向上的力量"天"和向下的能量"地"，根本上处于背离的状态，无法形成相互交融的状态。在这样的状态下，自然就是"天地不交"与"上下不交"。对于这种"不交"的状态，《易经》认为必然导致"万物不通"与"天下无邦"。"万物不通"指的是自然界；"天下无邦"指的是人类社会。言外之意，一个上下不交、天地不交的状态，大自然就不会风调雨顺，人类社会也就会失去秩序而出现混乱和冲突。

通过对《易经》之中"泰"卦和"否"卦的解读，我们不难发现，《易经》认为无论是自然界还是人类社会，一个好的秩序或者是和谐的秩序，一定是各种能量互动的秩序，而不是各种能量对立而不交融的状态。我们把这种认识用在对人类社会秩序的理解上，就可以得出：一个好的秩序或者是和谐的秩序,一定是各个阶层的诉求都能得到表达和尊重,每一个阶层的愿望和利益都有表达的渠道,好的政策也正是在各种诉求的交融中得以制定。这种反映了各个阶层利益的政策,也就能够最大程度地体现社会公正,能够反映每一个社会成员的心声和愿望。这样的制度,用《易经》的话就是"上下交"与"天地交",自然也会"万物通"与"其志同"。"万物通"指的是人与自然的和谐,"其志同"指的是人与人之间的和谐。人与人的和谐、人与自然的和谐,这不正是我们所倡导的和谐社会吗? 所以,"和谐"这个词,是中国文化贡献给人类社会和政治文明的财富,需要我们把它解释好、实现好,以给人类社会的和谐发展提供智慧的启迪。

从《易经》的文本中,我们可以看出,中华民族的祖先早已经认识到,一个和谐的秩序,一定是各种力量互动的秩序,"上下交而志同","天地交而物通",而不是一个僵化凝固的秩序。更进一步,各种力量在动态互动的过程中,让各种矛盾在没有达到爆发的时候,就可以很好地被化解,不至于在矛盾激化时冲击僵化的秩序,从而引发激烈的动乱。具体到社会秩序的建构,《易经》的智慧告诉我们,一个好的制度,一定是各种力量互动的制度,一定是各种意见和诉求都能够得到尊重的制度,否则,管理者与被管理者存在严重隔阂,民众的诉求和利益得不到尊重,当社会矛盾达到一定程度的时候,旧秩序不能承受之重,最终必然引发严重的社会动乱。这就是我们所谓的暴力革命。中国几千年都没有走出历史周期律的阴影,其重要的原因就是制度僵化,很多时候统治者高高在上,民众的意见和诉求得不到尊重,人民的利益得不到保护和顾及,从而导致严重的社会不公正,最终社会矛盾积累到一定程度而引发社会动荡。

近代以来,中国文化一直因为没有产生民主制度而被人诟病。如果我们冷静地分析中国文化的智慧，会发现《易经》的智慧已经为民主制度的建构提供了思考的源泉。不过，当今普遍存在的民主制度模式与《易经》的智慧相比，还有很多需要检讨的空间。以西方社会为代表的民主制度模式更多强调了民意的重要性，在实现不同阶层的互动方面，有着不可回避的缺陷。我们如果不抱偏见，冷静反思人类不同制度文明的优劣，就会发现：专制制度是统治者压迫被统治者的制度，由于统治者唯我独尊，没有真正尊重民众的诉求和意见，因此不可避免地走上僵化和丧失历史必然性的不归之路。但是，现代民主制度也出现了政策被民意绑架的问题，很多问题只是曲意奉迎选民的意见，政治人物只是把迎合民众而能当选视为最高目标，这是当今民主制度必须正视的问题。而《易经》给我们的启迪是：一个好的制度，不是管理者压迫民众，也不是民意绑架政治，而是实现民众与管理者的有效互动。正是在这种互动过程中，民众的诉求得到尊重，民众的意见得到表达的机会；管理者同时也要对社会的长久发展负责，真正做超越既得利益、超越小团体利益从而真正有格局、有远见、敢于负责的政治家。在这种不同阶层的互动中，社会才能更好地整合各种意见，尽可能少犯错误，尽可能实现社会的和谐。

可以说，《易经》所体现的社会治理模式，某种程度上体现了人类未来的制度建构方向。人类的社会治理，永远向前，应该好好地总结近代以来几百年的治理经验和教训，提出更加优质的制度建构，而不单单是对西方现有民主模式的盲目崇拜和非理性推崇。在这方面，《易经》提供的智慧，具有重要的现实价值。人类社会未来的制度建设，就是要实现不同阶层、不同力量之间的互动和交融，从而建设一个开明、通透的社会，在这样的治理模式中，人民的意见和诉求可以得到充分的尊重，而政治人物、政党一定要超出狭隘的小团体利益，能够真正站在社会发展和人民福祉的角度思考问题，不仅要尊重民意，倾听民意，也要站在社会的整体利益上引导民意，做真正对人民、对社会发展负责的伟大政治家。今后的人类政治，既要反对统治者高高在上、无视人民尊严和诉求的独裁和专制，也要警惕那种迎合民意、操纵民意、互相拆台和诋毁的恶斗，《易经》所体现的这种不同阶层、不同政治力量的互动和交融，为人类探索更加优质的社会治理模式，提供了重要的智慧之源和参考依据。

3. 人与天道的关系

生活在茫茫的宇宙之中，人如何面对宇宙的秩序？人道（规则）和天道（秩序）的关系是什么？人是如何领悟这些道理的？这些道理对于人类的智慧和觉悟具有什么样的意义？对此，《易经》以"人道"与"天道"的关系问题做了分析和概括。

我们先看《易经》是如何产生的。《易传》这样解释：伏羲氏在创始《易》的时候，仰观天文，俯察地理，近取诸身，远取诸物，并将这种对宇宙的观察用"象"的方式表示出来，这就是《易》。这实际上不仅指出了《易经》的理论来源，也指出了它的理论特点，那就是《易经》的框架来源于对世界的观察和总结，而这种观察和总结的道理也是人们必须遵守的宇宙大法。《易经·说卦传》第一章中，《易传》指出："昔者圣人之作《易》也，幽赞神明而生蓍。参天两地而倚数，观变于阴阳而立卦；发挥于刚柔而生爻；和顺于道德而理于义；穷理尽性以至于命。"《易传》的这种说法，表达了两层含义：其一，圣人作《易》，来自于对宇宙万物的观察；其二，一个人参悟天理的过程，也是体悟自性的过程，这就是穷理尽性知命。所以，中国文化在源头之处就体现了对人道与天道关系的理解，那就是人道来源于天道，人道也应该顺应天道。而且人道和天道在根本上是同源一体的关系,所以才有穷理和尽性的统一。

在《易经·说卦传》第二章中,也有类似的说明:"昔者圣人之作《易》也,将以顺性命之理。是以立天之道,曰阴与阳;立地之道,曰柔与刚;立人之道,曰仁与义。兼三才而两之,故《易》六画而成卦。分阴分阳,迭用柔刚,故《易》六位而成章。"也就是说,《易传》所提倡的人类伦理,是配天地之德,是顺应和体现天道的结果。那么,立在宇宙之中的人类,怎样领悟天道呢? 在《系辞》中,说出了人道和天道沟通的秘密:"《易》无思也,无为也,寂然不动,感而遂通天下之故。非天下之致神,其孰能与于此。"《易传》的这句话,很鲜明地表达了人道与天道的关系。在人们领悟《易》的这种状态中,要做到无思也,无为也,寂然不动,正是在这个状态中,人们就可以实现人与天的沟通或者一体。所以,《易传》实际上开启了中国文化的这样一个传统:人与世界不是对立的双方,而是相融或者一体的关系。一个人净化心灵的过程,实际上也是与宇宙沟通的过程,当一个人的心灵不被欲望等所扰的时候,可以感知天地万物。从思想史的角度看,《易传》的这个思路影响了后世儒家的思考。一个文化系统之中的本体论、宇宙论、人性论等,在西方文化中分属于不同研究领域的话题,在儒家的思想系统中却是同一个问题。也就是说,中国文化认为当一个人真正做到不被外界干扰、能够保持清净的状态时,他就能和世界沟通,就能够反映出世界的状态。所以,大家在阅读中国文化时,会发现:中国文化把一个人的心视为镜子,当一个人的"心"蒙上灰尘的时候,心灵的镜子就不能准确地反映世界;当一个镜子一尘不染的时候,就能够照天照地。镜子一尘不染的状态,就是《易传》中强调的"无思无虑而天下通"的状态。

在论及了人道和天道的关系之后,人类行为的合法性和合理性的问题也有了依据：顺应天道的就是"吉"，背离天道的就是"不吉"。所以，在《系辞》中，《易传》提出了"一阴一阳之谓道，继之者善也，成之者性也"。意思是，阴阳和谐是宇宙运行的"道"，能够顺应宇宙大道的就是"善"，而真正导致宇宙阴阳和谐的内在原因则是源于事物的本性。基于这样的认知，《易传》自然认为："积善之家，必有余庆；积不善之家，必有余殃。"所谓的积善，其实就是仁义行为，也是人道和天道相顺应的行为，因为天有好生之德，地则厚德载物，所以人就要善对万物，敬畏天地。否则，当一个人背离天道，违背仁义，践踏生命，不仅自己倒霉，而且会祸及子孙，这就是"余殃"。

在如何领悟天道的问题上，中国先人意识到，每一个民族由于生活的环境不同，对于宇宙大道的领悟角度和程度也有所不同。每一个民族的文化和智慧，可以说大都是对宇宙大道的某种程度或者某些方面的反映或认识。正因为这样，《易传·系辞下》才说："天下何思何虑？天下同归而殊途，一致而百虑，天下何思何虑？"意思是天下不同民族创造的文化，都不过是对宇宙大道的一种思考，所以才是"殊途同归"。大家如果抛弃偏见，会发现这是非常伟大的见解，体现了中华民族博大的胸怀。我们并不像西方的某些国家，把自己的文化视为真理的化身，否认其他民族文化的合法性和合理性，从而带来不同文明的冲突和对抗。在国际交往中，某些国家喜欢将自己的文化模式强行加在别人身上，甚至强迫其他民族照搬本国的模式，结果不免引发世界秩序的动荡。中国文化并不认为自己的思考就是绝对的真理，而是能够承认其他民族思考的合理性，所以才体认"殊途同归"。大家阅读中国文化史，为什么中华文化强调"和"，为什么孔子说"君子和而不同，小人同而不和"（《论语·子路》），这种自觉的学习精神和对其他民族文化的宽容、尊重，与《易传》

所体现的这种文化理性是不可分的。

　　无论是基于对思想史的考察,还是对《易经》思想的阐释,我们都可以得出这样的结论:《易经》实为中国思想史的源头,它不仅开启了儒家思想,而且对道家、中国佛学等思想都有着重要影响。儒家建构的伦理秩序,包括宋明理学不断深化的宇宙本体论的研究,在《易经》里面都能找到根源。而且,《易经》开启的对世界秩序的探索,也成为道家的智慧的源头,老子思想中的相反相成、物极必反等等思想,都与《易经》的影响分不开。可惜的是,随着中国历史的演进,《易经》中的很多智慧并没有被更好地继承和发挥,比如,"泰"卦和"否"卦所代表的建构和谐世界秩序的深刻思考,并没有衍生出一套不同阶层互动的制度建构,这实在是中国历史的遗憾。直到启蒙运动以来,西方社会才探索出了以普选和三权分立为基本特征的民主政治。从其本质看,与专制独裁制度相比,民主政治最大的特点,就是在一定程度上能够实现社会不同阶层之间的互动,正是在这种互动之中不断地化解社会中积累的矛盾,从而在动态中保持社会的稳定与和谐。但是,西方这种制度模式的缺陷和不足也是显而易见的,选举至上、操纵民意、迎合民意、政治恶斗、互相拆台、效率低下等等现代政治的不良现象,也已经成为西方社会治理的困境。客观地说,我们的先人早已经认识到了不同力量互动与世界和谐的关系,可惜我们没有在这种智慧的引导下创造出一个充满活力的制度。相反,自宋元之后,中国的政治制度越来越僵化和保守,最终变得了无生机,这是需要痛切反思的历史教训。一句话,我们有很好的文化资源,但我们没有在自身文化智慧的指导下探索成熟的社会治理模式,这是我们的遗憾之处,需要好好地总结和反思,也是今后我们发展中华文化的任务。

（二）儒家之"四书"

"四书"包括《论语》《孟子》《中庸》《大学》，最能代表儒家的思想。儒家思想的创始者是孔子，他是儒家思想的集大成者。孔子的思想作为儒家思想的源头活水，开启了后世儒家的思考路向和内容。历史没有明确记载孔子的学术著作，除了《春秋》之外，我们看到的只是孔子的只言片语，尽管如此，我们仍能从中一窥孔子及儒家的思想生态。孔子思想的核心是"仁"，可以说，孔子一生的目的就是在培养志士仁人。这对整个儒家思想的发展产生了根本性的影响。孟子说："仁也者，人也。合而言之，道也。"（《孟子·尽心下》）也就是说，在孟子看来，具备"仁"的品格，才是一个真正的人。所谓的"仁"，就是让人成为真正的人，换一句话说，就是让人领悟并遵循"道"。我们平常所说一个人的境界之高，称为"得道"的高人。在儒家看来，所谓的"得道"，就是一个人能够达到"仁"的境界。《中庸》也是这样认为："成己，仁也。仁者，人也。"在儒家看来，人文教化真正的目的，就是让现实中的人成为具备"仁"这种境界的人。那么，为什么现实中的人不是"仁人"呢？结合前文对《大禹谟》的解释，我们就可以得出这样的结论：现实中的人，既有"人心"的贪欲，也有"道心"的纯净。但是，由于很多人经不起诱惑，纯净的"道心"也会在贪欲的追逐中迷失和蒙蔽。因此，儒家思想的重心就在于如何启发人们点亮良知，从而让人们的道心澄明。对于儒家的这个思路，我们在下面通过对"四书"的解读做出更细致的说明。

1.《论语》："一心"应万物

《论语》是记载孔子言行的语录，虽然只是孔子零星的话语，却是我们直接理解孔子最好的文本。有些人觉得《论语》更多的是记载孔子的讲话，在不同的场合、不同的时空、针对不同的人，孔子的说法并不相同，那么，对于这样不同语境之下的孔子话语，我们怎么总结和领悟孔子思想的智慧呢？对于此，孔子曾经有两次明确地告诉学生："吾道一以贯之。"也就是说，孔子一再告诉学生，虽然我在不同的环境、针对不同的人、不同的问题，得出不同的结论，但是，在这不同中间，有一个"一以贯之"的主旨。孔子"一以贯之"的主旨，是我们理解孔子思想和智慧的枢纽和关键。因此，我们有必要对孔子的一以贯之做出理解。只有如此，我们才能更好地理解孔子的思想。宋代朱熹对于孔子的"一以贯之"有一个明确的说法，那就是"一心应万物"，这可谓一个很好的解释。这里的"一心"，是指觉悟之后智者的心，正是有了这颗觉悟和智慧的心，孔子才能根据不同的时空、不同的人，做出正确的回应和指导。正是有了这样的大智慧，孔子才能够不拘泥具体的教条，真正做到"无可无不可"。这样我们就有了一个理解《论语》的思路：孔子在不同场合、针对不同的人、不同的问题，有不同的说法，这就是孔子智慧的具体体现，但在这些具体体现之上，我们要总结孔子为什么能够做到随缘处理、自然通达？就是说《论语》一书，既包括形而上的孔子大智慧，也包括形而下孔子大智慧的具体应用，这是我们理解孔子思想的基本框架。但问题是，这个"应万物"的"心"是什么？我们为什么就不能像孔子那样"一心应万物"？结合《论语》的文本，我们对此做一个说明。

孔子对人的教育千说万说，总结为一句话，就是让人成为一个具备"仁"这种状态的人。对于什么是"仁"，孔子说了很多次，但每一次都有不同的表达。这并不奇怪。因为，"仁"并不是一个僵化的结论，更不是一个凝固的状态，而是一个人的境界和层次到了一定程度之后呈现的活泼泼的状态。这个状态，从道德的角度看，是所有人类完美道德的总和，正因为如此，任何从某一方面美德的角度对"仁"的概括，都不能真正把握仁的含义，这是孔子对仁有不同解释的原因。从人生状态上看，仁是一个人把心灵上的污点完全去掉以后的纯净状态，这种状态不仅是良知的完全呈现，也是一个人内在智慧的涌现。在这种状态下，人性的智慧和纯净显现，一个人只有到了这种状态和境界才能做到"一心应万物"。否则，一个人的心中充满了自私、贪欲、狭隘等等人性的弱点，在面临人生不同的考验时，根本不可能有智慧的回应，往往会因贪欲蒙蔽智慧，结果利令智昏、色令智昏、权令智昏，最终走向自我毁灭。反之，当一个人能够防止外在的干扰时，才可能生发真正的智慧，在这种境界里，如何做人，如何做事，就有了处理的方法；如何拿捏分寸，也会恰到好处。在这种状态里，面对诱惑时，一个人就会用"智慧"和"定力"照破诱惑，这就是孔子所说的"无欲则刚"。

那么，我们不禁还要追问：我们从有很多缺点的人，如何成为具备"仁"这种状态的人呢？对此孔子在不同的地方也有不同的说明。比如，对于如何才能达到"仁"的状态，孔子的教育既有很强的针对性，又能够结合实际做出引导。针对一些缺少定力的人，强调要做到"非礼勿视，非礼勿听，非礼勿言，非礼勿动"（《论语·颜渊》），否则，自己的定力本来就差，一旦常去有诱惑的场合，很难不被拉下水。自己在面对诱惑的时候，要做到"克己复礼"。所谓"克己"，就是要注意克服自己的贪欲和人性的弱点；所谓"复礼"，就是要做人有规矩。在什么是高素质的人的问题上，孔子告诫我们不是看人的"巧言令色"，而是要看实际的行为，所以他说"巧言令色，鲜矣仁"（《论语·学而》）。真正的君子，则是"敏于行而讷于言"（《论语·里仁》），把遵守规矩和成为彬彬有礼的谦谦君子作为衡量人素养高低的标准。针对不同的人，孔子提出不同的修养标准，如官员，孔子认为："政者，正也；子帅以正，孰敢不正？"（《论语·颜渊》）对于士（类似于今天的知识分子），孔子认为："士志于道，而耻恶衣恶食者，未足与议也。"（《论语·里仁》）并强调知识分子的文化研究或者教育工作，不应该单纯为了谋求个人的利益，而应该自觉的有所担当，把弘道作为一生的使命，此之谓"士不可不弘毅，任重而道远"（《论语·泰伯》）。针对人生面临的不同考验，孔子指出要做到"杀身成仁，舍生取义"；面对利和义的权衡，孔子指出："君子喻于义，小人喻于利"（《论语·里仁》）；"不义而富且贵，于我如浮云"（《论语·述而》）等等。总结起来，我们可以发现：在孔子的思想逻辑中，如何成为具备"仁"这种状态的人，是孔子实施人文教化的最终目标。但是，人与人之间千差万别，每一个人的领悟能力也不一样，因此，孔子自然要针对具体的人、具体的问题作出具体的教导。而且只有具备了"仁"这种状态，一个人才能真正做到"从心所欲不逾矩"。

孔子在《论语》中，曾经对自己的人生做过一个总结，那就是："吾十有五而志于学，三十而立，四十而不惑，五十而知天命，六十而耳顺，七十而从心所欲不逾矩。"（《论语·为政》）人生的学习，需要典范，孔子就是我们学习的优秀典范，他把自己一生的修习过程和人生感悟说出来，实际上也是我们不断学习的一面镜子。孔子在十五岁的时候，就非常明确地知道自己的一生要做什么。志无立，天下无可成之事，一个人一定要有终生为之奋斗的目标，一定要通过自己的努力为社会做真正有意义的事，计利要计万年利，谋功要谋万世功。到了三十岁的时候，孔子有了自己的正知正见，有了自己的独立思考和智慧判断，不会被一些乱象所干扰和迷惑，这就是三十而立。到了四十岁，孔子领会宇宙大道，很多问题都已经非常通达，知道凡事有因有果，众缘和合。到了五十岁而知天命，孔子对宇宙的大道、自身的使命有了深切的领悟。在六十岁的时候，去掉了人生的各种执着，超越了小我，对任何事情的看法都不会带着小我的狭隘去看，自然是耳顺。七十岁从心所欲不逾矩的境界，其实就是把人性的弱点克服之后呈现的状态。这个状态是心灵纯净的展现，是人性洗涤之后的澄明，用一个字概括，那就是"仁"。

孔子的教育真正做到了言传身教，真正是知行合一，真正是做到一分就说一分。只有建立在这种境界之上，做人才能懂得"三人行，必有我师焉"（《论语·述而》），才能"吾日三省吾身"（《论语·学而》），才能懂得君子务本，才能真正做到"朝闻道，夕死可矣"（《论语·里仁》），才能做到"志于道，据于德，依于仁，游于艺"（《论语·述而》），也才能体会什么是"毋意、毋必、毋固、毋我"（《论语·子罕》）。在很多人看来，儒家的思想似乎有一点迂腐，其实完全不是这样。孔子作为历史上少有的智者和思想家，怎么可能迂腐呢？其原因是我们对他的思想领会不够，是理解不够而造成的错觉。社会固然是日新月异，但也有一些是我们永远需要遵守的价值导向和人文理念，孔子所谓的"迂腐"，其实是在捍卫为国为民的"道义"，恰恰是最可宝贵的坚守。此外，我们生活的世界千变万化，我们面临的情况也是千差万别，一个有智慧的人，不可能千篇一律，只能是因时制宜，因人制宜，因地制宜。如果一个人不懂得尊重事实，不懂得善于根据情况的变化做出适应性的调整，那根本就不是有智慧的体现。所以，孔子担心一些人的智慧没有打开，只是僵化地固守一些教条，造成很不好的结果，因此他特别强调"无可无不可"，反对僵化保守和顽固不化。在《论语》中就有一则记录：

逸民：伯夷、叔齐、虞仲、夷逸、朱张、柳下惠、少连。子曰："不降其志，不辱其身，伯夷、叔齐与？"谓："柳下惠、少连，降志辱身矣，言中伦，行中虑，其斯而已矣。"谓："虞仲、夷逸，隐居放言，身中清，废中权。我则异于是，无可无不可。"（《论语·微子》）

大家看，孔子对历史上的伯夷、叔齐、虞仲、夷逸、朱张、柳下惠、少连等名人，报以很尊重的态度，但孔子马上说：我和他们不一样，并不是一定要怎么样，或者一定不怎么样。实际上时代不一样，环境不一样，具体的要求不一样，需要我们做出灵活的应对，当然没有什么标准答案。为什么有人阅读《论语》的时候觉得支离破碎？实际上这是没有真正理解之后的错觉。《论语》有严密的体系：孔子所有的教育目标是希望人们具备"仁"这种状态；达到"仁"这种境界的人，自然会面对各种考验、各种角色、各种场合，都能做出恰当的处理和应对。可是，我们只是看到了孔子在不同场合、针对不同的人、不同的问题所做出的回应，所以显得支离破碎，缺少严密的逻辑，而没有体悟到这不过是"仁"这种境界的具体体现而已。

孔子把"仁"当作教育的目标，也许有人会说：这种心灵完全纯净的人，是否会真的有呢？我的看法是当我们在阅读古人的典籍时，不要盲目地崇拜，但也不要轻率的否定。对于经典文本，第一，我们要看其中阐释的道理是否值得学习和思考，对于人类文明的传承和提升有没有真正的帮助。如果答案是肯定的，我们要尊重历史上的智者作出的贡献，后世学人也在尊重和学习前人的基础上，继续推进文化的研究和思考。第二，做人切莫因为自己的认知局限而否定别人的合理性。比如，孔子在《论语》中强调的境界，我们做不到，但不要否定有人做得到，不然，我们就不会看到孔子周游列国的坚持，就不会看到玄奘求法和鉴真东渡的伟大。这些人的境界不是我们可以轻易做到的，但不可否认，这些人呈现的境界却可以成为我们学习的榜样。因为，人类社会之所以能够不断地延续文明，不断地发展，这些圣贤树立的旗帜所昭示的人格力量和人生境界起到了不可替代的作用。

限于篇幅，我们不能把孔子的思想面面俱到地阐释，只是把孔子思想的基本逻辑做了介绍。孔子的一生，无论是刻苦求学，还是周游列国推行仁义，抑或是总结文化以传承经典，还包括修撰历史以明大义，等等行为的背后，无不体现了孔子践行"何以成仁"和"何以是仁"的理念。这也是我们理解孔子思想的一把钥匙。孔子不仅是中国文化的集大成者，而且，孔子一生的言和行，就是一座人格和道德的丰碑，为中华民族的自强不息提供了宝贵的精神财富。老人家一生推行仁义于天下，虽然知其不可，但绝不改初衷，风雨苍茫，矢志不移。这种对文化传承和担当的自觉，对国家命运的深切关怀，是永远值得我们尊敬和学习的。可以说，中国民族历史上那些铮铮铁骨，哪一个没有受到孔子的影响？正是在这个意义上，我们永远需要学习孔子的智慧和精神，这是民族不断接受挑战和自我革新的力量源泉。所以，我们在阅读孔子的时候，一定要善于在《论语》的文本之后，读出孔子的真正意旨。《论语》中体现的孔子思想看似凌乱，实际上体系严密，逻辑清晰，关键是我们能否从不同的表述中总结出孔子的思想原貌。西方有些学者认为孔子不过是一个伦理学家，孔子的话也不过是教导人们如何做点好事，只能说这些学者还没有能力真正读懂孔子。孔子的思想有体有用，"体"就是仁，用西方哲学的术语就是"本体"；孔子在不同场合下对人们的具体指导，就是"用"，也就是说仁作为一种完美的人生状态，这种状态在不同场合下如何体现，就是因材施教，就是对症下药，就是"用"。《论语》也有源有流，"仁"的智慧是《论语》的"源"，对症下药就是《论语》的"流"。

如果我们从细节处考量，会发现《论语》中有太多的地方值得我们认真思考，终生受用。我试举几例。孔子曾经说"三人行，必有我师焉"；孔子的学生曾子，也强调"吾日三省吾身"。阅读《论语》，会发现孔子在很多地方，都在自我反省。这给我们什么启发呢？一个被中华民族誉为圣人的人，竟然经常反省自己的不足，强调每一个人都有值得别人学习的长处，"三人行，必有我师焉"，这实际上体现了孔子对自身局限的那种自我觉悟和体察。我们生活在世界上，都不可避免地存在两种局限：一种是人性本具的缺陷，比如对声色犬马的喜好；一种是因为生活在特定的时空条件下而带给我们的局限和烙印，比如洪秀全、袁世凯等历史人物，无一不打上时代的烙印。可以说，人人都会带有上述两种局限，但问题是人们能否真正认识到自己的局限并尽可能克服这些局限。孔子一再强调自我反省，一再强调向别人学习，体现的就是对自身局限的自觉。可在历史中，很多人恰恰迷惑在各种光环的眩晕和山呼万岁的吹捧中，迷失了对自我的觉悟，根本没有认识到自己的局限，喜欢阿谀奉承，喜欢歌功颂德，最终因为听不得别人的批评和指教而身陷绝境。这类事情在历史上比比皆是，值得我们深思。

再比如，孔子曾经说"君子求诸己，小人求诸人"（《论语·卫灵公》），意思是一个人遇到问题的时候，真正的君子自然是反思自己的弊端，寻找自己的问题；而小人则恰恰相反，小人一旦遇到问题，就指责别人，将责任推诿给别人，从而逃避自己的责任。这些话看起来很平常，却对我们如何做人有重要的启发。任何事情，都有因果，但当问题出现的时候，我们如何找出原因，决定了我们解决问题的思路和方向。当一个人遇到问题时，如果将原因推诿给别人，就会忽略或者掩饰自己的问题，而一个不懂得改进自己的人，永远不会获得成功。因为，任何一个人在做事情的时候，他不能决定他之外的因素，却可以不断地反省和完善自己。所以，孔子特别主张"不怨天，不尤人"。很多时候，外在的环境并不是由我们所决定，如果我们一味地抱怨和指责，只会让我们更被动，处境更加恶劣。一个真正有智慧的人，恰恰是无论遇到什么样的环境，总能找到合适的解决问题的办法，这就是佛教所强调的"善用其心"。而在现实中，太多的人一旦遇到问题，就喜欢指责别人，就喜欢怨天尤人，而不是通过自我反省和完善自我以改变命运。这样只会让自己越来越被时代抛弃，越来越落魄。唯有刚健有为、自强不息、不断反省，才能改变自己的命运。

对于人生面临的不同文化和主张，孔子认为"君子和而不同，小人同而不和"。意思是真正的君子在面临不同的主张和看法时，能够自觉地学习和吸纳，从而在这种学习和吸纳中生成更合理的文化观念；而小人则是主张简单地追随和模仿，喜欢党同伐异。和而不同，既包括对多元的尊重，也包括吸纳不同文化之后的学习和创造。孔子的这种观念和智慧，在全球化时代尤其具有重要的意义和价值。众所周知，近代以来的一段时期，中国社会落后于西方，这是客观的事实。面对西方文化的冲击，我们何去何从？如果按照孔子的智慧，则是"和而不同"。就是说，我们既要勇敢地学习西方文化的智慧，但这种学习绝不是对本土文化的放弃，不是对西方文化的简单模仿和移植；而是以我为主，为我所用，在融合中西文化之上的再创造。而那种完全模仿西方文化的主张，或者是辱骂西方文化为"奇技淫巧"的偏见，都是背离了孔子所强调的"和而不同"的智慧，最终会给中国文化的建设带来严重的问题。这也是人类历史屡屡证明的真理。

对于"道"和人的关系,孔子认为:"我欲仁,斯仁至矣。"(《论语·述而》)"道"由人现,也就是说,再好的文化,也需要人来传承,如果人类在传承文化上缺少作为,再伟大的智慧也会消失殆尽,此之谓"人能弘道,非道弘人"。因此,对待文化遗产,我们必须立定自己的责任,而不是在各种抱怨和指责中逃避使命。大家看印度的历史,佛学的智慧不可谓不广大,可是在印度衰落了,再伟大的文化,如果人们不去传承和弘扬,也会走向衰落。我们常说中华文化博大精深,可是我们要明白,文化的未来在于中华儿女如何认知、采取什么样的行动。只有我们争气,真正认识到中华文化对于中华民族的重要性,真正认识到中华儿女对于保护发展中华文化的责任,并身体力行,中华文化才能真正走向振兴。由此我们可以理解,孔子为什么一直强调"不怨天,不尤人",因为无论我们做任何事情,都取决于我们的态度和努力。

对于《论语》的学习,我们虽然不必要高推圣境,盲目地膜拜孔子,但是,孔子确实是中国文化中少有的智者。因此,如果我们真正能够向这样几千年出一位的智者学习,一定会大有收获。正确的观念会对人生产生重大影响,很多时候,一两句有智慧的话,就能够改变一个人的命运。比如"君子务本","不患立,患所以立"等等,如果一个人真正做到这些,就能够改变自己的人生态度和命运。可惜的是很多人忙于追逐各种光环,而忽视了对内在智慧的理解和领受。

2.《孟子》:万物皆备于我

我们再看孟子的思想。《孟子》一书在中国思想史上举足轻重,是我们解读儒家思想的重要文本。《孟子》的文本有不少内容,庞杂且丰富。

总结起来，《孟子》既与孔子的思想有继承与相同之处，又在理论上做了推进：

其一，孟子建构了儒家思想中较为系统的人性观。对于孟子的人性观，一般的理解，以为孟子是主张性善论，实际上是没有真正阅读孟子的原意而不求其解。孟子并没有说人性本来是善的，而是说人性之中有向善的力量，但也有向恶的可能，就看人们怎么样引导了。可以说，这是对人性客观的判断和认知，那种简单地认为人性本恶和人性本善的认识，都是过于简单和公式化了。他认为"仁义礼智信"，人人心中固有，于是孟子得出结论："人皆可以为尧舜。"也就是说，人人可以成为志士仁人。孟子这种基于人性理解之上对于教育的认知，应该说是在孔子思想的基础上做了推进。孔子曾经说："仁远乎哉？我欲仁，斯仁至矣。"但是，为什么我们想做到仁，就能做到呢？孔子强调"性相近，习相远"，但究竟"性"是什么，并没有深究。孟子对此进行了深化，指出：我们和尧舜一样，都有成为志士仁人的本性或者能力，只要我们注意引导和教化，自身加强修为，就可以成为尧舜一样的圣贤。对于如何成为志士仁人，孟子也有自己的说法：志士仁人的状态，就是"大丈夫"："富贵不能淫，贫贱不能移，威武不能屈。"成为大丈夫的过程，必然是历经考验而成就自我的过程："故天将降大任于是人也，必先苦其心志，劳其筋骨，饿其体肤，空乏其身，行拂乱其所为，所以动心忍性，曾益其所不能。人恒过，然后能改；困于心，衡于虑，而后作；征于色，发于声，而后喻。入则无法家拂士，出则无敌国外患者，国恒亡。然后知生于忧患而死于安乐也。"（《孟子·告子下》）这是一个真正有修行体验之人的金玉良言。中国文化所推崇的圣贤，并不在于外在的风光和荣耀，而是基于对人性局限性觉悟之上的一种自我超越。我们平日所赞赏的英雄很多是对外的征服，而真正的圣贤则是对自我的超越，而且这种超越必是历经千辛万苦而对自己的成全。每一个人生的考验，都有其独特意义和价值，都会让我们有一些新的感悟，问题在于很多人面对考验的时候，多半都是怨天尤人，而不是冷静下来想一想我们应该从中学到什么。所以，孟子的这种体悟对于我们完成人格、磨炼心性、提升境界，有着非常重要的现实意义。可以这样说，每一个人的人生，都是布满了各种各样的坎坷和考验，有了孟子的这种告诫，我们就能自觉地将考验和坎坷当作人生最好的老师，也是对自己人生的成全。没有这样的觉悟，苦难就成了人生的障碍。多少人在苦难面前退缩，甚至走向自杀，这是不能领悟人生真意的一种可悲。实际上，无论是人生顺境引人的堕落，还是人生苦难让人的退缩，都是人生的考验，关键是我们如何保持清醒而不为所动罢了。从这个意义上，无论人生遇到什么境遇，都是对自己的磨炼；正因为如此，有人视人生为一场修行。一个有智慧的人，时时反观自己，把生活中的每一次历练都当作磨炼自己的资粮，而不怨天尤人。

其二，一个人在追求内心觉悟的同时，也是对宇宙真理的体悟；孟子认为人心和宇宙具有共通性，这就是"尽心知性，尽性知天"；"万物皆备于我矣，反身而诚，乐莫大焉"（《孟子·尽心上》）。孟子这种人心与世界可以沟通的看法，与《易传》的人道与天道关系的认知，具有内在的一致。也就是说，在孟子看来，宇宙与人心是一体的关系，通过人心的净化和反观，即可领悟世界的秘密。通过这一点我们可以理解中国哲学所强调的天人一体的观念；而西方哲学则是注重主客的对立，是主体对客体的研究。对于孟子的这个话，我们应该如何看待？这自然是一个非常复杂的问题，但从我们的经验看，任何一个人，对世界和人生的领悟，都是通过内心；一个心智不能集中的人，一个心中有太多杂念而不能沉静的人，做任何事情或者研究都不会有大成就。反过来，一个人所有外在的历练，最终都是提升自己的觉悟和智慧。从这个意义上说，一个人的内求智慧与外求功业是一体的关系。

其三，孟子推行的政治和社会理想，比如仁政等，在孟子的思想逻辑中，并不是空中楼阁，而是有本之木，有源之水。可以这样说，所谓的仁政，发端于人人皆可以为尧舜的人性基础，是志士仁人治理国家的必然结果。有仁人，就会施仁政，仁政是仁人在国家治理问题上的必然体现。反过来，我们发现孟子推行的仁政理想，并没有得到统治者的认可，其原因就是很多统治者好色贪财，根本没有具备仁人的境界，当然也不能推行仁政。对于一些内心充斥着贪欲的人而言，所谓的管理国家，不是推行仁政的机会，而是谋求实现个人欲望的平台，这些人根本不能承载孟子的仁政理想。可以说，无论任何时代，无论制度建设多严密，一个伟大的政治家都需要博大的胸怀、勇于担当的使命感、圆融的智慧和坚定的操守等品格。制度固然很重要，政治家的修为也起着极其重要的作用。

在这里，我以中西文化比较的视野，对仁政的思想做一点说明。古希腊的哲学家柏拉图，对于治理国家曾经踌躇满志，写出《理想国》来阐述自己的政治主张。他认为：一个理想的国家，就是哲学家（也就是真正的智者）当王。在柏拉图看来，只有真正的哲学家才有资格和能力做好"王"，才能真正治理好国家。柏拉图不仅这样认为，而且亲身实践，到叙拉古城邦实践自己的理想，结果在政治斗争的过程中险些遇害。后来，他逐渐意识到，一个理想的国家，从道理上应该以人的道德操守为基础；但在现实中，很多人不过是自私地追求自己的利益，根本不可能胸怀国家和社会。因此，他开始修正自己当初的设想，写成《政治家篇》《法律篇》等,开始注重用制度建设来维护社会的正常秩序。柏拉图说:最理想的国家,当然是哲学家作王,因为他们有智慧和人格;可在现实中,这样的人极为罕见,如果没有制度的约束,这些掌握权力的人可能有的时候会贪赃枉法。其实,孟子对此也有自己的体会,所以他说:"徒善不足以为政,徒法不能以自行。"(《孟子·离娄上》)特别强调了法制和道德相结合的重要性。但不可否认的是,孟子更多的希望是"仁人"行"仁政"。在孟子的一生中,尽管没有人真正实现他的仁政理想,但他从没有放弃希望;而且他所强调的教育,其实质就是通过启发人心之中的良知良能来提升人们的境界和智慧。

我们客观地评价孟子的仁政思想,会发现:孟子强调仁义道德的重要性,强调好的政治一定是建立在"以人为本"的基础上等思想,在任何社会都有其价值。而且,孟子对于我们怎么样才能提高自己的修为,有非常精彩的论述,永远有他的价值。在政治建设问题上,我们固然希望政治家都有很高的道德操守,但是我们的政策却不能从理想出发,而是要立足现实。当现实的人并不是讲求仁义道德的君子时,我们就要通过制度的完备来有效地约束人性的恶。否则,缺少现实土壤的任何美好理想,都必然会遭受挫折。正因为如此,我们今天提出"以德治国"和"依法治国"相结合,这有着非常深刻的内涵。

尽管如此,我们读《孟子》,常能读出浩然之气。孟子求仁得仁的赤诚,贯穿于《孟子》这本书的始终,我们从中最大的教益,就是要懂得体认心中人性的光亮,并善于在圣贤的启发下点亮人性之中的善良和纯净。也许我们不能做到完全的纯净,但至少应该做人和善,待人真诚,尽可能对人友好,成全别人,这些都是我们力所能及就可以做到的。这些对于我们的人格修养和社会稳定和谐,起着极其重要的作用。而且《孟子》一书中所昭示的那种浩然之气,那种大丈夫气概,那种敢于担当的责任和情怀,都对于我们有极其重要的现实意义。孟子曾经说:"大人者,不失其赤子之心者也。"(《孟子·离娄下》)意思是说,一个真正的大丈夫,无论面临什么样的考验,经历多少的磨难,都不会丢掉赤子之心,都不会丢掉自己对人生、社会的那份担当和承诺。在现实中,我们会发现,很多人曾经豪情满怀,希望通过自己的努力为国为民干一番事业,可是,当经历一些挫败之后,或者是自己位置有了变动,从一个普通人变成了掌握权力的人,结果是早已经忘掉了曾经的承诺和担当。很多贪官并不能说生下来就不是什么好人,大都是在人生展开的过程中不能始终做到"不失其赤子之心"。因此,我们在阅读《孟子》的时候,一定要善于领会孟子的智慧和精神力量,不管自己的地位有什么变化,都能够不忘记自己的初衷和人生的志向,能够在各种欲望的诱惑面前"不动心",真正能够做一些实实在在的事情。这就是人们常说的不忘初心,方得始终。

3.《中庸》:源头活水,智慧之源

对于《中庸》的含义,几千年来众说纷纭,各种研究可谓蔚为大观,但《中庸》究竟讲了些什么? 也就是说《中庸》的主旨是什么? 我们有必要对此作出回答。甚至有些人在根本不了解《中庸》本意的前提下,就开始主观臆断,认为"中庸之道"就是什么"没有原则""和稀泥"等等庸俗的人生哲学,这是非常幼稚可笑的偏见,对此我们更应该引导大家认识《中庸》的本来智慧,以正视听。

在《庄子·齐物论》中,庄子对"中庸"有一个解释:"庸也者,用也;用也者,通也;通也者,得也。"也就是说,所谓的"庸",是指智慧的运用;只有智慧达到融会贯通的程度,才能称得上"通"。一个人只有达到

"通"的境界,才是"得"。所谓的"得",就是人生领悟了大道的那种境界。那么,《中庸》的文本,是怎么阐释"中庸"的呢?我们先看《中庸》的第一章说出的几句话:

> 天命之谓性,率性之谓道,修道之谓教。
>
> 喜、怒、哀、乐之未发,谓之中。发而皆中节,谓之和。中也者,天下之大本也。和也者,天下之达道也。致中和,天地位焉,万物育焉。

翻译成现代文,大意是:在我们人心之中,有一个天生赋予的东西,称之为天"性"。一个人只有真正能够按照没有污染的天性做事,才称得上得"道"。在现实中,人们常说率性而为,但中国文化的率性而为不是胡作非为,而是按照人们本来的清净天性做事,而不是由着人性的污染和贪欲肆意胡为。这种把人性之中纯净的天性加以引导、恢复和保护的行为,才是真正的教育。由此我们可以看出,中国文化语境中的教育,不是单纯的技能教育,而是教育我们如何恢复本性之中具有的良知和纯净。一句话,儒家认为教导如何堂堂正正做一个大写的人,才是真正的教育。那么,我们继续问:这个纯净的天性在哪里才能找到呢?

《中庸》第一章指出:一个人的喜怒哀乐行为在没有发出的地方,称之为"中"。一旦发出喜怒哀乐,达到了恰到好处的境界,就是"和"。"和"就是一个人得道的境界。如果人们都能自觉地做到中和之境,那么人们就可以实现"天地位焉,万物育焉"。换成更容易理解的话说,在生命之中,能发出喜怒哀乐的地方就是智慧之源,其实就是指我们的心性,我们做事情的正确判断和采取的正确办法都来自于自己心性的考量和运用。如果我们的心性能够排除各种干扰,能够把各种事情处理得恰到好处,就是《中庸》称赞的"中和"境界。

《中庸》在这里实际上已经为我们指出了人生智慧的源头,那就是:喜怒哀乐之未发之处,这个地方就是"中",只有这个地方不被蒙蔽和诱惑,才能智慧通达。所有人生的决策、思考和情绪,都是从这里发出。但是,普通人不懂得如何恢复和发现这个智慧的源头,而是被心性散发出的各种情绪所左右。当一个人被某种情绪控制的时候,最容易出现智慧被蒙蔽的情况。我们回望自己成长历程,谁都难于避免做错事、做傻事。那么,什么情况下会做出愚蠢的事? 什么情况下才能较少犯错误? 我们会发现:什么时候,我们做了情绪的奴隶,要么是气急败坏,要么是在冲动不能自抑,要么是在欲望的诱惑下失去了控制力的时候,最容易做出傻事和错事。当一个人非常冷静、非常清醒,能够不被各种情绪所左右的时候,很少犯错误。原因就是这个时候智慧之源没有被蒙蔽,纯净的本性会告诉人们该怎么做,不应该怎么做。

可以说《中庸》在整个儒家的思想体系中,具有本体论的位置。儒家所提倡的净化心灵,到底在什么地方着力?《中庸》实际上告诉了我们修行着力的地方,指出了人们应该如何从根本处下手,如何从本源处努力,应该如何在观照自己心性的时候,保持定力而免受打搅。但在现实中,人们往往被各种欲望绑架,被各种情绪左右,不能真正做到从容自在的智慧状态。所以《中庸》才说:"君子,中庸;小人,反中庸。"(第二章)也就是说,真正的君子才能做到中庸的境界。而小人则是被各种欲望左右,结果只能是违反中庸。

通过上面的分析,我们做一个总结:所谓的"中庸",并不是一种简单的处世技巧,其实指的是一种人生境界。这种境界是人生修养到一定程度呈现的状态,是人性净化之后的通达和圆融,根本不是一个僵化的所谓原则,更不是什么没有原则和和稀泥。中庸的状态,就是把人性之上存在的灰尘、贪欲等等污垢去除之后呈现的状态,这个状态,孔子称之为"仁",孟子称为"浩然之气"的"大丈夫"。在社会上,有的人甚至将中庸称为"做事不走极端,谁也不要得罪",这是极其浅薄和荒谬的看法。《中庸》作为儒家经典,怎么可能会强调一个谁也不得罪的俗世结论。《中庸》的本意,实际上揭示了人们的智慧之源,揭示了人们应该在哪里着手和用力,怎么样才能在根本处实现从凡夫到圣人的超越。但普通人困于各种诱惑和情绪,真正恢复本性太难了,所以《中庸》说:"君子之中庸也,君子而时中。小人之中庸也,小人而无忌惮也。"(第二章)意思是只有真正的君子才能让天生纯净的本性做主,每一个时刻都能反观智慧的源头,而小人则会在贪欲的驱使下肆无忌惮,胡作非为。

在《中庸》文本中,还有一个很重要的概念"诚"。"诚者,天之道也。诚之者,人之道也。诚者,不勉而中不思而得:从容中道,圣人也。诚之者,择善而固执之者也。"(第二十章)何为"诚"? 就是上天给人的一种至善纯美的本性禀赋。但是这种本性蒙受了污染,所以,"诚之者,人之道",意为如何把人本来就有的这种禀赋启迪出来,就在于人的努力或者教育。一个人真正达到了诚的境界,或者说达到了纯净本性得以呈现的状态,那就是"不勉而中",就是说不用刻意就可以做到智慧涌现。而能够自然而然做到从容中道,就是我们所说的圣人的境界。任何一个人,只要他能够做到本性纯净,能够照破各种诱惑,那就自然会豁然明白,智慧涌现,这就是"自诚明,谓之性"。但是,现实中的人,总是处在各种诱惑之中,如何让人们认识到自己的纯净本性,那就要通过教育和启发,这就是"自明诚,谓之教"。

关于"诚"这种状态对于人生的意义,《中庸》又说:"唯天下至诚,为能尽其性。能尽其性,则能尽人之性。能尽人之性,则能尽物之性。能尽物之性,则可以赞天地之化育。可以赞天地之化育,则可以与天地参矣。"(第二十二章)一个人不断地觉悟,不断地净化心灵,就能够恢复人的本性;恢复了人的本性,就能够做到与天地沟通,这里已经体现了《易经》的思路——即天道与人道的一体。庄子的思想中,也有类似的表述:"天地与我并生,而万物与我为一。"(《庄子·齐物论》)这种宇宙人生一体的观念,是中国文化贡献给人类很重要的智慧。

对于何谓"从容中道",想给大家谈一点自己的理解。比如,一个演员饰演唐太宗李世民,为了展示出太宗的神勇和大气,演员要在举手投足之间刻意模仿帝王的气质。但是,我们可以断定:演员怎么饰演,都不是真实的。因为演员要刻意地模仿才能做到"形象",但无论怎么模仿,都不是李世民本人。而真实的李世民,他的智慧、境界、格局和人格到了那个状态,使得他举手投足之间就自然而然具有了帝王气象。再比如,我们今天所有的道德教育都是希望受教育者做一个道德高尚的人,遵守各种规则的人;可是当一个人心里想着要做一个道德高尚的人,已经层次不够了。而孔子修到了七十岁,人性的污染完全去掉,道德境界自然呈现出来,根本不需要刻意为之,"从心所欲而不逾矩"。由此,我们可以理解《中庸》里强调的"从容中道"的含义,也就是说,一个真正有智慧的人,一个达到了智慧状态的人,在每一个细节里,不用刻意就知道如何拿捏分寸,就知道举止得体,自然而然。这种境界实际上是一个人的智慧到了一定高度之后自然呈现的状态,这就是"从容中道"。"从容"体现的是自然而然的状态,"中道"体现的是有智慧的人总能恰到好处。"中道"强调的不是表面上怎么做,而是指内在的智慧状态;正是有了这样内在的智慧状态,一个人才能真正做到"从容中道"。

但是，人们为什么很难理解"赞天地之化育"这种境界呢？其原因就在于人总是局限于"小我"之中，总是把个人的得失、荣辱、算计看得极为重要。一个困于"小我"的人，"小我"就是这个人整个的天空。这种被"小我"包裹的人，外在的表现就是自私，因为他只在意自己的悲欢和利益，对别人很少关注，更谈不上关注其他生命和宇宙。这种自私的人必然会带来人与自然、人与人之间的各种紧张，根本做不到"赞天地之化育"。一个"赞天地之化育"的人，能够超越狭隘的自私，能够领悟自然的规律，真正做到不以自我的利益扭曲自然大道，而真正道法自然。这种自私和狭隘就是西方近代以来一直被反思的"人类中心主义"。在人类中心主义的狭隘中，人们只会看到一点眼前的利益，只会在意"小我"的算计，根本不可能认识到宇宙和人生的一体关系。实际上，人生和宇宙的一体关系，是一个客观存在。宇宙的状况直接关系人们的福祉，宇宙的变动一定会对人们生活产生重大影响。不管我们认识到还是认识不到，这种关系都对人生发生重要影响。只不过，如果人类认识到了这种一体关系，就可以自觉地处理人与自然的关系、人与人的关系，就能够更好地实现人与他者的和谐。

简言之，中庸作为人生的一种境界，与孔子的"仁"和孟子的"大丈夫"，具有共同之处，都是希望人们在认识现实人性局限的前提下，不断实现自我超越，不断追求人性的净化，从而达到一种本性纯净的状态。这种状态，一方面是人生的理想，另一方面也是建构和谐社会秩序的人性基础。需要提出的是，现在很多人对儒家的这种人性观提出了批评，认为这种理想化的对人性的看法，并不符合事实，从而为人们追求个人的私欲提供合理性辩护。其实，对于普通人而言，很难做到完全纯净，但是人类的文化必须有努力的方向，一个国家必须有值得大家学习和肯定的价值导向。人们不能因为现实很难做到就否定人文理想的价值，更不能因为很难做到就肯定贪欲和自私的正当性。因此，对待儒家的这些学说，我们应该视其为一种学习的榜样，净化心灵是人类文明永远的目标，我们要通过不断反省自己人性之中的弱点和局限，不断自我净化，勇敢地接受批评和指正，见贤思齐，见不贤而内省，才有不断进步的旅程。在这一过程中，我们尽管不能做到完全纯净，但仍可以尽可能地净化自己。能够做到这些，自己的人生就少一些掉进陷阱的凶险，少一些因欲望纠缠的烦恼，少一些庸人自扰的困惑，多一份心灵的宁静和安详，多一份世间的善良和纯真。这对于自我成长、对于家庭美满、对于社会和谐，都是有益的事。因此，做人不求全责备，宽容地看世界，看别人。对待各种学说，也不走极端，看到某种学说的优点，我们就很好地感恩和学习，这是对待学术很好的态度。当然，结合人类几千年的历史，我们会发现：人性极其复杂，一个好的社会秩序，不能够单纯寄托在善良人性的发掘上，也应该建构一套好的制度，限制人性之恶的肆意伤害，这当然是人类文化发展的重要成果。在当今，我们在建设一个理想国家的时候，通过教育启迪人们心中的善良和真诚，同时也建构一套好的制度，应该成为今后努力的方向。这样看问题，就是中道和理性，就是海纳百川，而不是非此即彼。

对于世界的秩序，《中庸》指出："万物相育而不相害，道并行而不相悖。"（第三十章）应该说，这是真正超越了"小我"之后的一种对世界的体悟。世界万事万物，并不是一种非此即彼，我赢你输，更不是弱肉强食，而是互相滋育的关系，是大家都好，才是真的好。大家用这种智慧观察世界，就会发现：爱护自然，其实就是爱护人类自己；尊重其他国家的利益，也能更好地实现本国的利益；尊重他人，也能够赢得他人的尊重。

反之，损人的结果，也必定损害自己；让别人不好，自己也好不到哪里去；给别人添乱，自己也有麻烦。客观地说，《中庸》对万事万物关系的概括，是对世界本来状态的正确反映，也是对"丛林法则""零和游戏"等错误观念的矫正。更进一步，在多元的时代背景下，不同国家、不同民族和文化形态，到底该怎么相处？西方社会近代以来所提倡的弱肉强食、丛林法则、零和游戏等十分错误的观念应该受到文明社会的拒斥，中国文化所主张的多元并生、共生共荣，万物并育而不相害，道并行而不相悖，应该成为全世界各国的行为准则，"人类命运共同体""一带一路"的提出就是很好的例证。从这个意义上说，我们有充分的理由提出文化自信，因为中华文化的智慧可以为全世界的现代困境找到应对之策和智慧启迪。

总结《论语》《孟子》《中庸》，会发现儒家所提倡的这种智慧状态，皆是人性净化到一定程度之后自然呈现的状态。但是，我们要问：儒家既然指出了一个理想人性的状态，那么，我们怎么样才能达到这样的状态呢？这就是《大学》这本书讲授的东西。

4.《大学》：内圣外王之道

如果对《大学》这本书做一个概括，那就是告诉人们如何一步一步地做起，从而实现人生纯净的状态，实现修身与平天下的有机统一。到达这个状态，一个人就能做到突破"小我"的限制，真正做到人与世界一体。在这个境界里，人们就不只是关注一个"小我"的得失了，就会做到"宇宙是我心，我心是宇宙"，一句话，就是"内圣外王"。内圣，侧重的是自我的净化和修为的提高；外王，表现为外在的功业。一个人只有把内在的修为提升起来，才有能力真正做成一番事业；否则，内在的修为不够，即便是有重大机会，也把握不住。内圣才能外王，反过来通过外王才能更好地提升自我。

《大学》开门见山地提出："大学之道，在明明德，在亲民，在止于至善。"什么是明德？就是人生本来就有的光亮的德性和智慧。何谓明明德？就是通过教化和自我修养，把自身本来就有的道德和智慧找出来。从《大学》的开篇主旨中，我们就可以看出儒家思想一脉相承的东西。孔子讲"仁远乎哉？我欲仁，斯仁至矣"；孟子讲人人皆有善端，只要人人发挥这种内在的善端，都能够做到尧舜一样的人；《中庸》讲"天命之谓性，率性之谓道，修道之谓教"。这其中都贯穿一个东西，那就是每一个人都有本来具有的道德禀赋，儒家的努力方向就是引导人们把这个禀赋发挥出来。人人只要能够把这个禀赋发挥出来，就自然能够做到"亲民"，因为这种境界的人超越了"小我"的局限，能够心包太虚，仁爱天下，自然能够"亲民"，而不只是自私自利。"亲民"，用今天的话说，就是全心全意为人民服务。"明明德"的目的是什么呢？就是"止于至善"，净化心灵，这是一个永恒的过程。

那么怎样才能恢复这种本来具有的道德禀赋呢？《大学》继续说："知止而后有定，定而后能静，静而后能安，安而后能虑，虑而后能得。物有本末，事有终始，知所先后，则近道矣。"所谓的"止"，就是人们不要做了贪欲的奴隶，不要心中妄念纷飞，要懂得升起道德的力量。一个人做到了"止"，就能够"定"，定于心灵的纯净之中。在这种定境中，人们就可以抵制各种诱惑，就是"静"和"安"。一个人只有把妄念排除了，才能显现纯净本心，才能做到智慧的圆融，才能通达地处理好各种事情。对于这个人性不断净化的过程，《大学》还有进一步的说明：

古之欲明明德于天下者，先治其国；欲治其国者，先齐其家；欲齐其家者,先修其身;欲修其身者,先正其心;欲正其心者,先诚其意;欲诚其意者,先致其知,致知在格物。物格而后知至,知至而后意诚,意诚而后心正,心正而后身修,身修而后家齐,家齐而后国治,国治而后天下平。自天子以至于庶人,壹是皆以修身为本。其本乱而末治者否矣,其所厚者薄,而其所薄者厚,未之有也!

也就是说,从格物致知开始,经历修身的自我完善,最终实现治国平天下的外王之境,这是《大学》提出的关于人生不断净化的系统纲领。而且,《大学》明确地提出了修身与治国之间的内在关联:即"修身为本",一个人只有把自己的道德人格修好了,才可能真正做一个大丈夫,才能真正做一个管理者。否则,一个人心中满是蝇营狗苟,满是自私和狭隘,不可能做到天下为公,这种人一旦掌握了权力,就会把权力当作谋取个人利益的工具,而不是真正为人民、为社会做些事,最终危害社会,也毁了自己。《大学》的这种看法非常重要,对于今天的人才培养都有很重要的启迪。如果一个人道德不好,缺少人格,满脑子都是当官发财,都是自私算计,都是偏见和狭隘,这种人一旦掌握了权力,就是社会和人民的灾难。因此,我们平常说的"德才兼备,以德为主",是非常有道理的见解。日本有一个企业家稻盛和夫,被日本企业界称为"经营之圣",他不仅创造了两个世界五百强企业,而且当日本航空面临倒闭的时候,稻盛和夫接手之后使之起死回生,不到半年就盈利五亿日元。究其原因,稻盛和夫把自己的经营哲学概括为"敬天爱人"。他说,他的一切经营,以是否有利于社会和人民的福祉为方向,所以20世纪80年代以来,日本出现的几次金融泡沫都未曾影响到稻盛和夫的产业。因为他从来不从事投机的行业,从来不做对社会不利的事业,正因为如此,稻盛和夫的公司始终能够稳定发展。如果我们剖析稻盛和夫之所以成功的原因,就会发现他的人格、责任感、德行所发挥的巨大作用。也由此,我们可以理解《大学》为什么要说:"自天子以至于庶人,壹是皆以修身为本。"很简单的道理,一个人真正的成功,一定是奠基于德行的基础;一个人遭遇的苦难,往往源于自己德行的缺陷。很多人在怨天尤人的时候,往往多了对别人和环境的指责,缺少了对自己的反思和警醒。如果大家冷静下来反思,一切外在的失败,都源于自己的弱点和不足,外在的失败不过是自身内在缺点的投射。曾有一个商人,经商之初赚了不少钱,算是一个成功的商人,后来因为经营不善而身陷困境,结果要死要活,患了严重的抑郁症。表面上看,这个商人是经营失败了,实际上外在的经营失败根源于自己人性的弱点和智慧不够,要么是过于急躁,要么是太贪心,要么是不够冷静,要么是优柔寡断等。对于真正强大的人、有智慧的人,失败尽管让自己痛苦,但恰恰是让自己成长和历练的机会;而对于固执、偏见和愚钝的人,面对失败,只懂得痛苦和懊悔,而不是好好地反思自己,最终永远不会实现生命的升华和超越。

但是,如何培养一个人的道德良知呢?《大学》从格物致知开始,做了一个系统的说明。比如,对于格物的重要性,有的观点认为是为了革除物欲,但也可以理解为由于世界一体,任何一个事物、任何一件事情,都包含着值得我们学习的道理和智慧,都对我们的成长和觉悟有着启迪和教益。有这样一则故事:有一个将军,非常喜欢猎杀,在行军打仗之余,经常打猎,满足自己猎杀的爱好。有一次,他看到一个猪獾,于是拔箭就射,根据他的箭术和经验,这个猪獾必死无疑。但当他走近捡拾猎物时,却发现地上的猪獾已经走失,由于箭伤足以致命,这个将军就沿着斑斑的血迹继续寻找。在不远处的草丛里,看到这个中箭的猪獾已经奄奄一息,在猪獾的下面,有几个小猪獾在吃奶。将军一下子明白了,这个猪獾是一个妈妈,在死亡即将到来的时候,它用最后的一点力气回到猪獾窝,为的就是把最后的奶给小猪獾吃。将军看到这些,心灵受到极大的震撼,毅然把身上的弓箭折断,直接走到附近的寺庙,扑通跪倒,请求主持允许他皈依受戒,并立誓今后永不杀生。我们根据这个故事会体认这样的道理:任何一个人生的阅历,都会告诉我们很多人生的道理和感悟。推而广之,任何事情或者经历,只要我们的眼睛和心灵善于学习,总是有一些感动震撼我们,总是有一些光亮照亮我们。可怕的是当一个人被狭隘和自私蒙蔽心灵之后,就丧失了这种格物的能力和勇气。

"格物致知"之后,就是"诚意正心"。《大学》认为:"所谓诚其意者,毋自欺也。如恶恶臭,如好好色,此之谓自谦。故君子必慎其独也。小人闲居为不善,无所不至,见君子而后厌然,掩其不善,而著其善。人之视己,如见其肺肝然,则何益矣。此谓诚于中形于外。故君子必慎其独也。"诚意,就是发挥人性之中善良和纯净的那一部分力量,这个力量的发挥,就会自然而然地告诉我们什么是对的,什么是错的,该做什么,不该做什么。我们平常也有这样的体验:对于一个有凶险的事,在做之前,就很忐忑,就觉得后果会不好。这实际上是内在智慧的体现。但是,由于我们的定力不够,或者是智慧不够,明明觉得有问题,还是鬼使神差地去做了,最终引发不好的后果,这就是"自欺"。很多时候,明明知道是错的,最终还鬼使神差地去做了,最终自责不已,这就是自欺欺人。所以,一个内心纯净的人,内在的智慧会告诉他怎么做,按照这种本来具有的智慧做事,就是"勿自欺"。一个真正自觉修养自己的人,一个不断追求心灵净化的人,即便是在独处的时候,都会严格要求自己,这就是"慎独"。

对于何为"正心",《大学》指出:"身有所忿懥,则不得其正;有所恐惧，则不得其正；有所好乐，则不得其正；有所忧患，则不得其正。心不在焉，视而不见，听而不闻，食而不知其味，此谓修身在正其心。"对于"正心"与"不正心"，《大学》指出"有所忿懥""有所恐惧""有所好乐""有所忧患"，就不会拥有"正心"。为什么这样说呢？因为，当一个人被欲望、嫉妒、自私、嗔恨等情绪控制的时候，要么愤愤不平，要么患得患失，要么斤斤计较，要么忧愁顾虑，当这种种情绪控制人心之后，人们就会成为情绪的奴隶，就会进退失据，哪里还有什么智慧呢？这就不是"正心"的状态。当一个人排除了种种干扰，心中升起浩然之气，升起道德和正义的力量，这个时候，任何外在的诱惑都不会对他造成严重的干扰，因为他的心不在诱惑那里，而在升起的道德和正义的力量那里。这就是"心不在焉，视而不见，听而不闻，食而不知其味"。如果我们不能真正领悟中国文化的本意，对于很多我们常见的词汇都不能准确地理解其意。现在，有一些人在批评别人的时候，指出：你怎么那么不认真？怎么可以心不在焉？他以为这是批评别人做事马虎和不负责任，殊不知他并没有理解心不在焉的真正含义。所谓心不在焉，是指一个人在修养身心的时候，面对诱惑而如如不动的境界，是一个人排斥干扰而专心致志的状态。由此观之，今天的很多人一直在误读中国传统文化，需要不断地加强中国文化的推广和教育。

正是经过格物、致知、正心、诚意之后，我们才能够实现对人格的完善，儒家称之为"修身"。这种经过自我升华之后的人，才能够承担齐家治国平天下的责任。因为，实现修身之后的人，才能真正对家庭负责，才能真正将国家的责任一肩担起，才能引导天下人去完成自己的人格，即"明明德于天下"。中华文化的"平天下"，绝不是炫耀武力，更不是侵略扩张，而是通过自己治理国家的典范，为其他国家树立榜样，从而让其他国家发自内心的心悦诚服。中华文化这种世界大同、以先进启发后进、以文明启迪愚昧的胸襟，与近代以来西方社会所推行的野蛮扩张和掠夺，形成鲜明的对比。我们在学中国近代史的时候，常有一句话——落后就挨打，这已经几乎成为每一个中国学生的共性认知，岂不知这句话恰恰体现了西方社会达尔文主义的恶劣观念。面对落后的国家，发达国家如何提供帮助才是人类文明的正途，而不能趁别人落后的时候，用大炮和血腥予以野蛮地征服和破坏。通过弱肉强食的一部西方列强的发家史与中国文化所提倡的"明明德于天下"的对比，我们应该有切实的文化自信。人类的文明史，不是血腥和掠夺写就的，而应该通过"老吾老以及人之老，幼吾幼以及人之幼"来体现人类文明的光辉。《大学》所体现的国际政治理念，应该成为人类文明的典范，任何一个国家走向强大，决不可炫耀武力，决不可仗势欺人，决不可霸权主义和强权政治，决不可盛气凌人，决不可乘人之危，决不可趁火打劫，而应该先进帮助后进，富裕带动贫穷，最终实现"明明德于天下"。

今天，我们客观地看待《大学》的思想，可以得出：一个人如果真正希望做成一番事业，一定是以人格的完善和智慧的提升为基础；一个国家的长久发展，也一定是"国无德不兴"。如果一个人的人格有问题，蝇营狗苟，自私自利，根本不可能凝聚人心共同完成一番事业。比如，对今天众所周知的很多大企业家，大家看到的是笼罩在他们身上的各种光环，但是，如果我们追问：希望创业成功的人多如牛毛，为什么这些企业家能够取得成功？这与企业家本身的修为分不开。所以，任何一个成功人士的背后，都不是偶然；我们不能单纯地看到别人身上的万千光环，更要深思别人为什么可以经历那么多的磨难而走向成功。当然，有一些人，眼睛只是盯着自己的利益，甚至为了获得利益而不择手段，这种人怎么可能成为伟大的企业家、政治家？可以说，任何一个真正的英雄背后，都有着让我们肃然起敬的大情怀和真性情。

当然，我们还要认识到，一个现实的人，总是会有各种各样的缺点，我们不仅要充分重视人格完善的力量，还要认识到对于一个有着各种缺点的人，除了道德引导之外，还需要制定各种防范人们犯错的制度。否则，如果我们对人性的弱点缺少警惕，必然会因为这种忽略而承受代价。因此，无论是治国，还是管理企业，我们固然要重视道德的价值，注重引导人们树立正确的价值观，同时，也要在完善制度上着力，以防止因为人性之中的消极力量而带来对事业的损害。从这个意义上说，我们对任何文化的学习，都是要带着独立的思考，而不是丧失自我理性的那种盲目和膜拜。

以上是基于儒家的经典文本"四书"而对儒家思想作出的阐释。当然，我们不可能面面俱到地详细解释，而只是就儒家思想的基本面貌作出解读，为大家勾勒出一个儒家思想的基本脉络，供读者朋友继续学习和研究。如果希望进一步了解孔子、孟子等大思想家的思想原貌，还需要诸位朋友亲自阅读经典文本，并在阅读中认识一个真实的圣贤先哲。

（三）先秦之后的儒家

先秦儒家为后世儒学的发展打下了坚实的基础，先秦之后的儒家尽管在不同的时代环境下，做出了不同的创造，形成了不同的时代风格，但就其根本而言，后世儒学可以说是先秦儒学的延续和发展。为了更全面地展示儒学思想的原貌，对先秦之后的儒学也做一些简单的介绍。

1.董仲舒:儒学的政治化

董仲舒无疑是汉代儒学代表性的人物,他通过汉武帝的选拔,以"天人三策"的对策而被重视。董仲舒的儒学对人性等抽象的思考并没有多大的创造性,但他为适应大一统政治的需要,在形而下的具体规范层面对儒学作了一系列的改造,将孔子、孟子提出的人伦教化与实际的政治需要结合起来,形成了一套适应统一帝国的儒学制度模式。基于相对封闭的农业文明的特点,董仲舒把传统中国的基本秩序——君臣、父子、夫妻之间的关系相对凝固化,将其总结为"三纲五常"。为了形成对君权的制约,董仲舒建构了复杂琐碎的天人关系,认为君主的合法性在于天授,那么君权治理的合法性和合理性也来源于天的认可。自然界的灾难就是对君主是否治理好国家显示的信号。在董仲舒看来,孔子是可以领悟天意的圣人,而信奉儒家的知识分子也有权力对君主统治的合法性和是否尽责提出看法和判断。这实际上是对君权的某种制约。但总结起来,董仲舒的儒学,实际上不过是在形而下层面对儒学的精致化做出了一些努力,目的就是适应大一统帝国的需要。

但从思想史的角度,这种对儒学的改造,实际上把先秦时期活泼泼的儒学进一步凝固化,把孟子提倡的君臣之间的对等关系变成了服从关系,实际上削弱了儒学思想的反思和批判功能。任何一个文化形态,其超越时空的抽象思考往往具有永恒的价值,但那些针对特定环境做出的应对,则有相当的局限性,需要随着时代环境的变革而与时俱进。董仲舒在形而下制度层面的很多探索,一方面适应当时环境的需要,另一方面也使得儒学打上了特定时空的烙印而走向僵化。后来,在东汉章帝的时候,统治者出面召开了白虎观会议,在这次会议上,把经政府认定的儒学阐释奉为"正统",这实际上是统治者垄断了对儒学的解释,对儒学的发展产生了不可忽视的消极影响。本来,在先秦时期,儒学作为一种有自我反省和批判精神的哲学思想,其对人性的思考、对于人伦秩序的建构、对于政治生活的检视,都有相当可以谈论和拓展的空间。但是,经过汉代儒学的进一步政治化,已经大大失去了儒学原生态的那种生机和活力,失去了对形而上之道的探究和深思,这在一定程度上是中国文化走向保守和僵化的一种征兆。不独是儒学,任何一种思想,如果不是开放的体系,不能提供自我反思和批判的机制,不能具有海纳百川的学习和接纳精神,一定会走向衰败,这是屡经证实的文化发展铁律。

2. 李翱与韩愈:重振儒学的努力

在经历了魏晋南北朝时期的文化融合之后,隋唐时期,中国文化实际上孕育着进一步发展的活力和外在环境。隋唐时期,政治一统,社会比较稳定,统治者相对开明,这也为文化的繁荣提供了一定的契机。加上经历了魏晋南北朝时期的文化融合,各个思想流派,都面临着各自的挑战和发展机遇。就儒学而言,面对佛学的传播和信众的激增,传统儒学知识分子开始思考如何应对佛学的挑战问题。与儒学相比,佛学的思想极为深刻,传承体系明确,无论是文本、体系,还是传承的宗旨和法脉,都非常清楚。甚至很多看来有些模糊的问题,比如:人性如果本来纯净,为什么后来变得如此复杂? 作为一个人,一定要面临的生死问题究竟怎么回事?《易传》讲:积善之家,必有余庆;积不善之家,必有余殃,其内在的道理是什么? 等等之类的问题,佛学都有很圆满的回答,至少佛学有自己一套严密的逻辑。从传承上看,佛学各个宗派,尤其是禅宗,从释迦牟尼佛到隋唐时代的各个宗师,传承的谱系非常清楚,这就给信众提供了相当的信服力。对于这些挑战,儒学怎么回应? 任何一个思想流派,面对其他思想流派的挑战，如果不能与时俱进，如果不能勇敢地随着时代环境的变化提出自己的新思考，那就一定会退出历史舞台。在这种背景之下，李翱和韩愈就是这一时期复兴儒学的先驱人物。

李翱的著作——《复性书》，意思是人人都有一个清净的本性，但在现实中，这种清净的本性却受到了情的干扰和污染，因此，要恢复人们的纯净自性，必须学会排除情的影响。一读就知道李翱的思路不仅受到佛学的影响，也与先秦儒学一脉相承。我们可从李翱与药山禅师的交往中，探究李翱的思想与佛学的渊源。在《五灯会元》卷五《李翱居士传》中记载：李翱曾经在朗州任刺史，有一日到寺里拜见禅宗大德药山禅师。见面时求问："如何是道？"药山并不回答，只是用手向上指一下天空，又向下指一下面前的水瓶。李翱不解其意。禅师开口说："云在青天水在瓶。"李翱听到后，茅塞顿开，连忙作礼拱谢，随即诵出一首诗："炼得身形似鹤形，千株松下两函经。我来相问无余说，云在青天水在瓶。"读者不妨想一想：药山禅师到底意蕴何在？大家在阅读中国禅宗的公案时，大都有不可捉摸的感觉，有的人甚至认为这些高僧似乎故弄玄虚，其实不然。禅宗的公案，都是特定机缘下的对机施教，其根本目的都是引导众生彻悟本源，发明心地。今天重新阅读公案，时过境迁，已经不可能恢复当时的状态了。而且，佛教认为一个人的觉悟，最终是个人的自我觉悟，别人只能启发，而不可能代替。因此，那些觉悟者往往根据求教者的状态，因材施教地予以启发，究竟求教者悟到了什么，并非局外人可以感同身受。此之谓："如人饮水，冷暖自知。"我们引述公案故事，不过是为了说明问题而已。此外，需要强调的是，对于生命的彻悟，往往超出了语言的层次，"离言绝句"，因此我们应避免对公案做出机械的解释。但是在这个公案中，药山禅师言"云在青天水在瓶"之语，有让人息妄归真之意，所谓心中的智慧，本自具备，有求即妄，只有去掉心里的颠倒妄想，内在的智慧才能自然涌现。

又一次在和药山禅师的交往中，李翱还曾求问：《法华经》中所谓的"恶风吹船，飘落鬼国"是什么意思？药山反问："李翱小子问此何为？"身为刺史的李翱觉得自己受到轻侮，顿时怒形于色。禅师笑说：如此便是"恶风吹船，飘落鬼国"也。李翱听后既觉得惭愧，也有所觉悟，马上表示道歉（《居士传》卷三四引《真希元传》）。三界唯心，自性弥陀，一念觉，众生就是菩萨；佛法所讲的修行，实际上是让人觉悟心性，而不仅是做表面文章。通过李翱和佛学的一段因缘，我们就能更好地理解唐代儒学与佛学的关系。

在韩愈那里，他针对佛教严密的传承体系及其对儒学带来的挑战，提出了自己的道统体系，认为儒学也有自己的传承。儒学所提倡的道，经过尧、舜、禹、周公、孔子、孟子之后，出现了断裂，但是从他开始要接续这个道统。韩愈对儒家思想有一种近乎宗教的情结，再加上他对社会的深切责任感，导致他在政治上经历了一次磨难。唐宪宗是一个笃信佛教的皇帝，曾经花大量的金钱和精力迎请佛骨到皇宫供奉，韩愈对此非常气愤，专门上书《谏佛骨表》劝谏宪宗，其中批评唐宪宗劳民伤财，还说了很多偏激的话，结果被发配潮州。在从长安去潮州的路上，韩愈写诗表达愤郁的心情：

> 一封朝奏九重天，夕贬潮阳路八千。
>
> 欲为圣明除弊事，肯将衰朽惜残年！
>
> 云横秦岭家何在？雪拥蓝关马不前。
>
> 知汝远来应有意，好收吾骨瘴江边。（《左迁至蓝关示侄孙湘》）

传言题目中的"湘",就是神话传说中的八仙之一韩湘子。据《韩子外传》记载,到达潮州后,韩愈结识了六祖惠能大师的法嗣大颠禅师,向他请教禅法的精妙,大颠禅师告诉他:你上《谏佛骨表》批评佛教,想必是对佛教颇为了解吧?韩愈回答说:佛教,口不说先王之言,妄谈轮回生死之法;身不力行礼仪,而诈传祸福报应之说;无君臣之义,无父子之亲;不耕而食,不织而衣,以残贼先王之道,所以我才发文批评。大颠禅师听了马上问他:你说佛教不行仁义,无君臣父子伦理,请问大学子是在哪本佛经上看到的?韩愈听了马上觉得惭愧,说:我没有时间读这些佛经的书。大颠禅师听了不客气地说:你作为唐室的大学子,真正的佛经并未曾阅读多少,你所发表的言论多半是自以为是,主观臆测,岂不是极不负责任吗?你不要局限在自己的认识范围内,夫子尚且说"三人行,必有我师焉",应该广博了解,然后才能有所评判。韩愈又问佛法的精要,禅师告诉他:去尔欲,诚尔心,宁尔神,尽尔性,穷物之理,极天之命,然后再来听闻佛法的至理。韩愈听了很受教育,开始觉得佛法绝不是自己想象的那样,在对心性的探讨上,甚至远在儒家典籍之上。

几经交往,让韩愈觉得佛法的智慧极其深远旷达,开始反省当时的鲁莽和草率。客观地说,韩愈爱惜民力,反对劳民伤财,都值得称赞,但《谏佛骨表》中对佛法的认识,就太过于浅薄和情绪化。后经在潮州与大颠禅师的交流,韩愈对佛法的认识有了很大变化,用黄庭坚的话说,韩愈从大颠禅师那里接触真正的禅法之后,他的文章开始少了愤郁,对佛法的妄议也不见了。通过对这一段传闻的解读,我们对于不同文化形态的交流也有更深刻的认识。面对佛学的冲击,儒学有自我发展和回应的紧迫感,我们可以理解儒家知识分子的焦虑。但是,不同文化之间的良性互动,不是互相的排斥和攻击,而是互相融合之后的生成与发展。

时至今日,我们怎么看待多元文化的互动交融,都有很多值得反思的地方。经济全球化以来,西方文明对待异质的文明,多采取了"割麦子"式的摧毁和取而代之。西方文明所到之处,都是拿着自己的标准去改造、打压甚至摧毁原来的文化生态,结果不仅引发了世界各地的冲突,而且根本破坏了不同文明之间的良性互动。不同文化之间,很难简单地用先进和落后做结论,经济发达不代表文明就先进,经济落后也不代表文化就没有价值,那种伴随着经济和军事的强势,而对落后地区的文化也采取摧毁和取而代之的做法,实际上是一种披着文明外衣的野蛮。文明的进步,一定是在不同文化形态的交流、碰撞、融合、生成过程中实现不断的优化和发展,而绝不是野蛮的暴力摧毁和征服。可以说,经济全球化过程中,如何实现不同文化形态的良性互动和不断升华,是今天整个人类社会的普遍挑战。从中国思想史发展的经验看,正是儒释道等不同文化的交流、学习、融汇和生成,才有了中华文化不断发展的动力。中华文化所提倡的"和而不同""海纳百川"等人文理念,应该成为全世界的共识,世界不同的文化不仅要各美其美的自我认同,更要有美人之美的胸怀,只有这样才能实现美美与共的文化繁荣。

韩愈的一生,不仅为我们反思和领会不同文化互动发展提供了案例,在教育上也有巨大的影响。韩愈在《师说》中,就明确说:"师者,所以传道,授业,解惑也。"把传道视为一个教育工作者首要的使命,体现了韩愈对复兴儒学的自觉,对于我们今天的教育都有很好的启发。真正的教育,不仅仅教授生存技能,更重要的是要将人类文化中最经典的智慧传授给学生,从而接续文明的火种,引导受教育者成为一个大写的人。

从思想史的角度看,儒学回应时代的挑战,创造出一种新形态的儒学,需要经历一个很长的历史时期。在这一过程中,儒学一方面接续自身传统,同时也吸纳了佛学等其他思想形态的智慧,终于在宋明形成了一个儒学思想上的高峰——宋明儒学。

3.宋明儒学:体悟"天理"与发明"本心"

从学术发展史的角度看,宋明新儒学是儒学思想发展史的一个高峰,是儒学吸纳佛学等其他思想流派之后反哺儒学的再创造。就其代表性人物而言,理学以朱熹为集大成,心学以陆九渊为杰出代表。当然,现在学界有一些人并不认可宋明儒学与佛学的关系,坦白地说,就是不愿意坦承佛学对于儒学发展所具有的积极意义,实际上大可不必。从学术史上看,宋明儒学的一些概念和理论框架,皆与佛学的影响有直接关联;而且,很多宋明儒学的学者曾经是佛学的信仰者或者修行者,这对于他们思考儒学问题,必然产生重要影响。无论哪一个思想派别,如果不能与时俱进,如果不能善于学习和创造,一定会退出历史舞台。从这个意义上说,儒学能够自觉吸纳佛学的智慧,体现了儒学开放的理论品格与不断自我创新的能力,这是值得肯定的事情。

首先介绍一下朱熹的思想。儒学发展到理学这里,就不仅仅是提出一些修养身心的功夫,而是从本体论的角度作出回应,对儒家的思想建构做出了更加精致的思考。朱熹认为:"未有天地之先,毕竟也只是理。有此理,便有此天地;若无此理,便亦无天地,无人无物,都无该载了! 有理,便有气流行,发育万物。"(《朱子语类》卷一《理气上》)也就是说,朱熹把"理"视为人生和宇宙的源头,"理"作为世界之源,是如何产生世界与人类文明的呢? 朱熹将理和气结合起来予以阐释:"此(指理和气)本无先后之可言。然必欲推其所从来,则须说先有是理。然理又非别为一物,即存乎是气之中,无是气,则是理亦无挂搭处。气则为金木水火,理则为仁义礼智。"(《朱子语类》卷一《理气上》)简单地说,世间万物是天理在气之中。关于理和气的关系,在时间上没有先后之分,但在逻辑上,理是气存在的依据,但理不是悬空抽象的假设,理在气中;气化为物质的存在,而理则是气背后的规则。由此,我们可以看出,朱熹实际上是在本体和形而上的层次为他所肯定的伦理纲常辩护,同时也解释了人性复杂的原因:人性之中有天理,所以提倡仁义礼智信有合法性和正当性;但理在气中,通过气表现出来,所以人性之中又有很多的欲望和弱点。但人类教化的方向,就是领悟天理,超越人欲。所以朱熹说:"宇宙之间一理而已。天得之而为天,地得之而为地,凡生于天地之间者,又各得之以为性;其张之为三纲,其纪之为五常,盖皆此理之流行,无所适而不在。"(《晦庵先生朱文公文集》卷七十)

在具体对人性的理解上,朱熹认为人性既有"天命之性",也包括"气质之性"。"天地之性"或"天命之性"是天理赋予,是至善纯美之性;"气质之性"则以理与气相融而沾染了人欲之性。正是基于这样的认识,朱熹才提倡"存天理,灭人欲"。总结起来,朱熹将"理"视为宇宙和人生的根源,理在呈现的时候则与气相结合,这就形成"天地之性"与"气质之性",也就是形成了"道心"与"人心"。二者虽然性质不同,但是天理即在气中,天理不是抽象的东西,而是通过气来体现;但正是在气之流化体现天理的过程中,夹杂了人欲。人类修行的过程,就是不断地去除杂质恢复天理的过程。朱熹曾经写诗表达自己体悟天理的感受:"半亩方塘一鉴开,天光云影共徘徊。问渠那得清如许?为有源头活水来。"这里的"半亩方塘一鉴开",是指一个人心能够领悟天理的通达状态,所谓"源头活水",就是智慧之源,是智慧打开之后的自然流露,当一个人心清净了,天理在心里面也是自然显现,人心清净处也是天理流行处。

心学的代表人物是陆九渊,字子静,南宋哲学家、教育家。他从小就善于思考,曾经在幼儿时期就询问父亲"天地何所之"。"究天人之际"可以说是几乎所有的哲学家思考的问题。陆九渊少年读古书时读到宇宙二字,"四方上下曰宇,往古来今曰宙",于是忽然有所醒悟,提笔写下:"宇宙内事乃己分内事,己分内事乃宇宙内事。"与一般读书人希望光宗耀祖不同,陆九渊立志要成圣成贤。他认为,希望成圣成贤,不用别寻他途,只需反观自心,发明本心。他说:"宇宙便是吾心,吾心即是宇宙。东海有圣人出焉,此心同也,此理同也。西海有圣人出焉,此心同也,此理同也。千百世之上至千百世之下,有圣人出焉,此心此理,亦莫不同也。"(《陆九渊集》卷三十六《年谱》)陆九渊的意思是,任何一个人,只要他的境界到了某一个状态,他的见解和领悟就是一样的,此所谓"英雄所见略同"。因此,圣人领悟的道理,实际上是人生觉悟到一定程度呈现的状态,所以只要一个人在心灵上与圣贤契合,那他就是圣贤。陆九渊认为一切的儒家圣贤教化,均不在其外,而在于人的内心。仅此一点,我们就可以发现朱熹和陆九渊的不同。一个认为理为万物之源;一个则断言天理、人理、物理只在吾心中,心是真理之源:"宇宙是吾心,吾心便是宇宙。"在治学的思路上,朱熹主张格物致知,体悟天理;认为一个人一点点地读书、思考和践行,最终会豁然贯通,这个豁然贯通的过程,就是人心体悟天理的过程。而陆九渊认为治学的方法,主要是"发明本心",不必多读书外求,"学苟知本,六经皆我注脚"。

关于朱熹和陆九渊的学术分野,还有一段公案,史称"鹅湖之会",就此,陆九渊门人朱亨道曾经记载:"鹅湖讲道,诚当今盛事。伯恭盖虑朱、陆讨论犹有异同,欲会归于一,而定所适从。……论及教人,元晦之意,欲令人泛观博览而后归之约,二陆之意欲先发明人之本心,而后使之博览。"(《陆九渊集》卷三十六《年谱》)朱熹作为理学大家,自然主张在世事练达之间体悟天理。而陆氏兄弟作为心学的开创者,自然主张一切的秘密就在于体认本心,主张先"发明本心",然后从容应世。在鹅湖之会期间,陆九渊写诗表达自己的看法:

> 墟墓兴哀宗庙钦,斯人千古不磨心。
>
> 涓流积至沧溟水,拳石崇成泰华岑。
>
> 易简功夫终久大,支离事业竟浮沉。
>
> 欲知自下升高处,真伪先须辨只今。(《鹅湖和教授兄韵》)

这首诗的"易简功夫终久大,支离事业竟浮沉",是对朱熹学术的一种尖锐批评,言外之意是如果不懂得从心地上努力,支离破碎的各种格物之学,最终不会领会圣贤大意。尽管朱熹当时很不高兴,但毕竟是大家风范,在三年之后,朱熹写诗附和陆九渊的诗,以纪念这场聚会:

> 德义风流夙所钦,别离三载更关心。
>
> 偶扶藜杖过寒谷,又枉篮舆度远岑。
>
> 旧学商量加邃密,新知培养转深沉。
>
> 只愁说到无言处,不信人间有古今。(《鹅湖寺和陆子寿》)

朱熹在这首诗中,不仅充分表达了对陆氏兄弟的尊敬,而且认为学问只有经过辩论和砥砺,才会更加走近真理。在朱熹看来,尽管陆氏兄弟和他在学术见解上有不同的地方,但都是对宇宙大道、圣贤智慧的领悟。对学问的研究和体悟,一旦到了极致,便是"无言处",在无言处领会,自然"不信人间有古今",这个境界一念三千,哪有东西南北的分别?这体现了朱熹的豁达和深刻。

我们今天抛开二者学术的是是非非,客观地分析二者的思想脉络,会发现:朱熹的理与陆九渊的心,都是中国儒学的一种呈现罢了。孟子也讲:尽心知性,尽性知天,万物皆备于我,实际上肯定了人心可以映现天理的观点,所以陆九渊提倡"我心是宇宙"。《易传》讲人道来源于天道,天道立阴阳,人道行仁义,体认人道与天道的契合,这就是朱熹所强调的通过涵泳治学而一朝贯通的道理。一个通过"格物"以求天理;一个"内求"以发明本心,这都没有超出儒学的窠臼,实际上殊途同归。两个人争得是是非非,其实没有本质的区别,不过是强调的方向有所区别而已。通过对"鹅湖之会"学术公案的梳理,我们也可以得出这样的道理:对于任何一个思想流派,我们不要过多地在细枝末节处纠缠不休,而是要有总结其内在主旨的能力。我们要善于分析和总结不同派别关注的问题是否一致,在解决问题的方法上是否相得益彰。在历史上,很多看似截然对立的思想流派,往往是对同一个问题从各自的角度提出了各自的看法,因而各有特点和价值。我们切莫盲人摸象,画地为牢,更不要意气用事。

4.王阳明:"致良知"

心学的另一个杰出代表是王阳明。王阳明思想的出现,有着深刻的时代背景。明朝中晚期,中国的商品经济开始有了一定的发展,市民社会开始出现,老百姓的心理和社会风气也开始出现了某些变化。自宋明理学兴盛以来,"存天理,灭人欲"的理学说教,成了中国社会认可和维护的共同价值导向。而后期由于思想界的僵化,导致大家对"存天理,灭人欲"的本意缺少全面的理解,而一味地压抑人性的需求,结果必然会导致思想上的反叛。到了明代中晚期，商品经济比较发达，享乐、淫欲等风气逐渐蔓延开了。所以明代小说《金瓶梅》等书的出现，并不是偶然的现象。在这种情况下，很多大知识分子必然思考这些糜烂的风气会对社会产生什么影响，怎么样才能矫正人心、净化心灵。回应时代环境带来的挑战，是所有伟大思想家的共同之处。由此大家就可以理解王阳明为什么说"破山中贼易，破心中贼难"（《阳明全书·与杨仕德、薛尚谦》）。可以说，王阳明思想的主旨，仍然是发明本心，净化心灵，澄明道心，与历代圣贤的要义是一脉相承的。从这个意义上说，王阳明的心学思想既是中国思想史逻辑发展的产物，也是当时环境的产物，有着历史的必然性。

王阳明于明宪宗成化八年（1472）九月三十日亥时出生于一个书香门第、官宦世家。据《年谱》记载，他出生前有家人梦见有人从云中送子，梦醒后祖父便为他起名叫王云，也有人说是由于王阳明出生的地点为瑞云楼。可是王阳明到了五岁的时候还不怎么会说话。某一天，一位高僧经过，抚摸孩子的头说："好个孩儿，可惜道破。"意思是王云这个名字点破了他的来路。随后，其祖父便更其名为守仁。奇怪的是自此之后，他就可以开口说话。王阳明十一二岁时，有一次问私塾先生："何谓第一等事？"老师回答："只有读书获取科举名第。"所以，由言知人，私塾先生一张口，就看出此人读书教书的目的，无非是功名利禄。但王阳明却说："第一等事恐怕不是读书登第，应该是读书学做圣贤。"王阳明的回答，恰恰是反映了他的旨趣和格局。由此可见，不是什么人都可以以师者自居；真正的老师，不仅传道授业解惑，也应该引导学生旨趣高远，人生豪迈，而不是功名利禄，蝇营狗苟。王阳明虽然少年大志，却从年少时代起就从不循规蹈矩，史书记载他自少"豪迈不羁"，学习亦非十分用功，常和好朋友做军事游戏。但无论王阳明一生做什么，都有成圣成贤的大格局在，气度不凡，不落俗套。所以，我们要会看人，要会看一个人的心胸和气象。王阳明虽然少年不羁，但是在心灵之中已经种下了"成圣成贤"的种子，就差在机缘合适的时候开出人生灿烂的花朵。正是在这个意义上，"立志"为人生第一等事，此所谓"志无立，无可成之事"。孔子曾经讲"十五有志于学"，古往今来，有大志大愿者，才可能有伟大的功业。有了大志向大抱负，就能够产生大愿力，有了这个愿力，人的心中就有一盏长明的灯光，人生就有一种浩然之气，即便是寒风摇曳，依然会有灯光照亮人生的前程，即便是偶有沉迷，心中的大愿也会在某一个机缘合适的时候唤醒自己。

王阳明开始的时候尊崇朱熹的思想，为了实践朱熹的"格物致知"之论，曾经在一片竹子林中"格竹七天七夜"，目的就是通过格竹来发现宇宙的大道和圣贤的智慧，结果不仅没有发现所谓的圣贤之理，反而因此病倒。这次经历促进了王阳明思想的转型。他开始意识到，圣贤之理并非在于外部的追求。明武宗正德元年（1506），王阳明因反对宦官刘瑾，被廷杖四十，谪贬至贵州龙场（贵阳府修文县，今贵州省修文县龙场镇）当驿丞。在当时，这是一个极其荒凉的地方，上百里未见人烟，缺少人文教化，风气野蛮。王阳明虽胸怀大志，但面对满目荒凉，苦难无助，可谓四顾茫然，孤苦无依。孟子曾言："天将降大任于是人也，必先苦其心志，劳其筋骨，饿其体肤，空乏其身，行拂乱其所为，所以动心忍性，增益其所不能。"（《孟子·告子下》）王阳明在这孤寂偏远之地，无所求助，唯有反观自心。一天半夜里，他忽然有了顿悟，这就是历史上著名的"龙场悟道"。那么，我们要问：王阳明龙场究竟悟到了什么？一个深受中华文化教养的人，都懂得反观自己内心的道理。当一个人万念俱灰，反观自心的时候，往往是内在智慧涌现的时候，也会明白人生的一个根本道理：

"天行健，君子以自强不息。"王阳明也正是因为这样一个经历，才真正明白中华文化所强调的"心生万法"，也才能知道世界森罗万象，本心皆具。为什么禅宗祖师常说：大死一回，才能大活。一个人对外追逐的世俗之心如果不死，对内求寻的圣贤智慧也不会自然涌现。可惜芸芸众生妄想执着，颠倒求寻，最后更加迷失本来，在声色犬马中背离真理越来越远。王阳明正是在外缘放下唯有内求的时候，领悟了这个"发明本心"的道理。自此之后，王阳明信心满满，开始将自己的证悟给人讲授。可以说，龙场之前，王阳明注六经；龙场之后，六经无非是王阳明之真心呈现，即六经注我。他自己曾经于七年后自述这个传奇经历："守仁蚤岁业举，溺志词章之习，既乃稍知从事正学，而苦于众说之纷扰疲苶，茫无可入，因求诸老、释，欣然有会于心，以为圣人之学在此矣！然于孔子之教，间相出入，而措之日用，往往缺漏无归；依违往返，且信且疑。其后谪官龙场，居夷处困，动心忍性之余，恍若有悟，体验探求，再更寒暑，证诸五经、四子，沛然若决江河而放诸海也。然后叹圣人之道坦如大路。"（《王阳明全集·朱子晚年定论序》）可见，王阳明通过孤苦的龙场生活，明白了人生之觉悟，恰是在万丈红尘之中盛开莲花，恰是在苦其心志处，动心忍性，增益其所不能。更进一步，一个人真正的觉悟并非对红尘的逃避，正是要在为芸芸众生尽责任中成全"道心"。由此可理解孔子为什么知其不可而为之，风雨苍黄周游列国；孟子为什么要鼓励人做"大丈夫"，赠言后世小子"不动心"。

王守仁把自己的感悟凝练成一句话"致良知"："某于此良知之说，从百死千难中得来，不得已与人一口说尽，只恐学者得之容易，把作一种光景玩弄，不实落用功，负此知耳！"（《王阳明全集·年谱》）究竟什么是"致良知"，学界众说纷纭，实际上将其放置在中国思想史的脉络中，并不难理解。历代圣贤的要旨,无非是引导人们超越人心,契悟道心,所谓的"致良知",就是如何证出自己的道心,按佛家来说,就是如何证悟佛性。因此,王阳明说"夫心之本体,即天理也。君子戒惧之功,无时或间(间断),则天理长存,而其昭明灵觉之本体,自无所昏蔽,自无所牵扰,自无所歉馁愧怍,动容周旋而中礼(合乎礼节),从心所欲而不逾(矩),斯乃所谓真洒落矣。是洒落生于天理之常存,天理常存生于戒慎恐惧之无间(间断)。孰谓敬畏之心反为洒落累(牵累)耶?"(《王阳明全集·答舒国用》)王阳明通过自己的经历,深深知道中国文化所阐扬的道理,是一个人行到一定程度呈现的状态,是一个人领悟道心后自然的显现。所以他非常反对空谈,主张"知行合一","知之真切笃实处,即是行;行之明觉精察处,即是知","知是行的主意,行是在的工夫;知是行之始,行是知之成",将自己的修学经历称为"百死千难"。晚年,王阳明用四句话对自己的思想作了总结:"无善无恶心之体,有善有恶意之动,知善知恶是良知,为善去恶是格物。"在王阳明看来,心的本体无所谓善恶,当一个人的心在启用的时候,就会有善恶的区别。而良知就有分辨善恶的能力,而在现实中如何诸恶莫做、众善奉行,这就是格物的功夫。可以说,王阳明的四句教,也是他一生治学的总结。但一个人心灵的净化,说起来容易,做起来非常难,人性弱点的克服,需要大智大勇方可。正是有了这样的体悟,王阳明才大呼:"破山中贼易,破心中贼难";"夫万事万物之理不外于吾心";"心即理也";"心外无理,心外无物,心外无事"。

王阳明可谓中国思想史上里程碑式的人物,对中外的思想界都产生了重要影响。从中国思想史的语境说,王阳明与孔子的"为仁由己",与孟子的"反身而诚"一脉相承;从现代性的语境说,王阳明特别强调人的主体性,强调人的觉悟是自我的觉悟,认为人生是自我赋予价值和意义,自己是自己的真正主人；从当时的社会环境看，王阳明一下子打破了宋明理学控制下的思想僵化和苦闷氛围，"我心光明"一说使得中国的思想界为之一震。可是，王阳明的思想也有着不可忽视的问题：由于王阳明经历万千的考验和修证，心性已经达到一定层次，这可谓是"体"，所以他能够针对不同的人、不同的情况而对证施教。而后来的学生由于不能证到王阳明的境界和智慧，只是在形式上模仿王阳明的观机逗教，结果不免荒腔走板，导致王学的真谛后继少人。所以，中国圣贤们所折射的境界和智慧，均是修为达到一定程度的自然呈现，是实证之后的自然流露，如果没有实证的修为功夫，而单单是鹦鹉学舌、邯郸学步，最终会形似神散，离道万里。

我们在读理学和心学历史的时候，会发现在学理上佛学、道家和儒学互相吸纳的现象。在儒学吸纳佛学、道家的过程中，升华了儒学的理论层次，为儒学发展提供了强大的学理支撑，但这其中也有一些问题和现象值得总结和反思。很多知识分子，出于对儒学的责任和自觉，多少在吸纳佛学后出现了一定程度的反佛学现象，其实大可不必。佛学的智慧和现实中的流弊不是一回事，而且佛学早已经融汇为中华文化的一部分，是中华文化宝库的重要组成部分。时至今日，我们要倍加爱护儒家、道家、佛家、中医等中华文化的珍贵财富，自觉带着一个大国学的意识来传承和弘扬中华文化。一句话，中华文化不是某一个民族的创造，也不是某一个文化形态，从创造的主体上看，五十多个民族都是中华民族的组成部分，共同创造了中华文化；从中华文化的内容看，儒家、道家、佛家、中医等等，都是中华文化的组成部分，都需要我们倍加珍惜，做好文化的传承和弘扬工作。

5.戴震:对宋明儒学的一种反叛

到了清代,中国的社会面貌也发生了重大变化。从政治上看,以闭关锁国和文字狱为代表的僵化保守和专制独裁之风成为制约国家发展的枷锁。从思想史自身发展脉络看,经历了几百年宋明儒学对社会的控制之后,中国的思想也隐约开始出现新变化。客观地说,人性之中既有积极向上的力量,也有自私贪欲等弱点,人类文明的进步,需要不断地超越和约束人性的弱点,但同时更应该激发人性之中的积极力量,从而引导个人或者社会更加生机勃勃,只有这样,才能有破有立。但问题是宋明儒学所倡导的"存天理,灭人欲"的思想,却被片面理解成了对人性的压抑,在压抑人性的时候没有激发人性之中生机勃勃的力量,这就造成了对人性过多的打压,而缺少对人性的抒发和释放,这样无论是个人还是社会,都不免出现一种肃杀之象。在这种背景下,清朝的一些思想家开始反思宋明理学的某些负面影响。其中,戴震的思想具有代表性。

与宋儒将"理"与"欲"对立相比,戴震则认为,"理"与"欲"并不是截然对立,"理者,存乎欲者也。"他认为:"人生而后有欲、有情、有知,三者,血气心知之自然也。惟有欲有情而又有知,然后欲得遂也,情得达也。"(《孟子字义疏证》卷下)在戴震看来,人欲并不是罪大恶极,而是人性的正当要求。戴震的这种看法,是对程朱理学"理欲截然对立"的反对。他甚至视程朱之"理"为专制主义的"残杀之具":"尊者以理责卑,长者以理责幼,贵者以理责贱,虽失,谓之顺;卑者、幼者、贱者以理争之,虽得,谓之逆。于是下之人不能以天下之同情、天下所同欲达之于上;上以理责其下,而在下之罪,人人不胜指数。人死于法,犹有怜之者;死于理,其谁怜之?"(《孟子字义疏证》卷下)戴震认为,这种无视人性之中正当需求的理论,导致多少人死在僵化的伦理教条之下,而且,这些人即便是死掉，都不会引起人们的同情，这就是戴震批评的"以理杀人"。应该说，戴震对宋明理学流弊的批评，切中了当时社会现象的要害。我们固然要警惕人性的弱点，主张超越人性的弱点，但是必须对人性的常态有一个理性的宽容，在批评人性弱点的时候，更应该引导人们蓬勃向上，更加有创造的活力，从而推动社会的发展和进步。那种只懂得批评人性的弱点，而不能正视人性的常态，从而导致社会气息奄奄的做法，不仅是对人性的压抑，更会导致社会的病态和弱化。我们都是普通人，都有着各种人性弱点和正常欲望，这是必须正视的现实，不要不切实际地拔高人性，不要不切实际地苛责，也不要站在道德高地对别人颐指气使。谦卑地看自己，宽容地看世界，多一份对人性的理解，多一份对现实人生的宽容。

到了辛亥革命和五四运动时期，随着人们对传统社会流弊的反思深化，这种批评也更加流行。这些反思和批评在客观上反映了当时市民阶层的平等要求，包含着启蒙思想的因素，是中国文化现代转型的先声。但是，我们也要客观地看待戴震的思想。实际上，宋明儒学强调的发明本心，或者是恢复天理，并非无视人们的正当欲求，只不过把人性的净化当作努力的方向而已。对于宋明儒学在实践过程中所暴露的流弊，也必须加以警惕和解决。因此，对于人性，我们尊重当下的现实状态，但也应该尊重人性净化所昭示的方向。这种人性净化的方向，未必就可以立即实现，但可以当作人生不断超越的路标和方向。

6.新儒家：一生为故国招魂

"一生为故国招魂"，这是学者余英时为他的老师钱穆先生所写的挽诗中的话。大家知道，钱穆先生是著名历史学家，他一生学术研究的旨趣，就是为中华民族传续文脉，再创文明。生活在近代风雨飘摇、积贫积弱的中国,列强环立,可谓虎狼之心,如何保存中华文化的火种,恢复几千年民族的文脉,是包括钱穆在内的知识分子毕生关注的时代课题。"一生为故国招魂",可谓代表了包括钱穆在内的一大批近代知识分子的心声。中华文化在人类的历史长河中,绝大多数的时间都是走在世界前列,为人类文明做出了巨大贡献,可是近代以来,山河破碎,文脉横遭摧残,人民流离失所,灾难深重。于是很多知识分子带着重建中华文明的使命,以"舍我其谁"的责任担当和"一生为故国招魂"的文化自觉,开始努力探求中国固有文化与现代文明契合的道路,其中最为典型的学术流派就是新儒家。

新儒家是儒家思想回应现代性冲击的表现形式,是中国固有文化应对时代挑战的一种方式,是我们理解中华文化转型的重要参照系。新儒家人物众多,比如牟宗三曾经提出"内圣开出新外王"的思路,实际上强调的是既要传承中华文化的智慧,又要契合现代民主政治的潮流。在新儒家的思想家阵列中,马一浮无疑是其中的代表人物,这里对他的思想做一点简单介绍,从而领略新儒家的思想要旨。

马一浮先生被誉为中国国学大师、一代儒宗,一生著述宏富,有"儒释哲一代宗师"之称,周恩来总理曾称他是"我国当代理学大师"。马一浮对于中国传统文化的研究和理论,从形式上来看是相当固守传统的。如他的一个最主要的观点就是认为,全部中华文化都可以统摄于"六艺"之中:"国学者,六艺之学也。""此(六艺)是孔子之教,吾国二千余年来普遍承认,一切学术之原皆出于此,其余都是六艺之支流。故六艺可以该摄诸学,诸学不能该摄六艺。"在他看来,"六艺"不仅包括一切中国的学术,也可统摄西来的一切学术:"自然科学可统于《易》,社会科学(或人文科学)可统于《春秋》","文学艺术统于《诗》《乐》,政治法律经济统于《书》《礼》"。"世界人类一切文化最后之归宿,必归于六艺。""一切道术皆统摄于六艺,而六艺实统摄于一心,即是一心之全体大用也。"又说:"天下万事万物不能外于六艺,六艺之道不能外于自心","六艺之本,即是吾人自心所具之义理"。基于以上的分析,马一浮认为,一个人"不知反求自心之义理,终无入头处"。对于这些说教,马一浮言"源自体认本心",认为"天地一日不毁,此心一日不亡,六艺之道亦一日不绝。人类如欲拔出黑暗而趋光明之途,舍此无由也"。更说:"国家生命所系,实系于文化,而文化根本则在思想。"(马一浮《泰和宜山会语》)马一浮将一切学术归为"六艺",将"六艺"归为人心,这分明就是中国儒家传统的现代翻版。但是,如果我们深入分析马一浮的思想,会发现他把中华文化和现代科学融为一体的努力和考量。就是说,在马一浮看来,人类所有的文化,都包括在中华文化的框架内,所谓政治制度、现代科学等等,都可以被中国的六艺所统摄。我们且不说马一浮先生学术的可靠性如何,但就其思想的特点来看,体现了他坚守中国文脉的学术立场,折射出了他探究儒学如何回应现代挑战的努力,目的就是论证中国固有文化与现代文明之间的兼容。而且,科学和制度无论怎么发展变革,都是为了人类的福祉服务,心法是一切的秘密,如果脱离了为人服务的主旨,科学和制度不免会走向伤害人类根本利益的对立面。这已经被当今的社会发展所证实,由此可见马一浮思想的合理性和远见。

现在回望新儒家的学术群体,不独是马一浮先生,任何一个新儒家的代表人物,都可谓是铁血丹心,对国家,对文化,都有一种凛然正气,都有舍我其谁的使命,都带着对传承中华文化的深切责任。也许我们对他们的观点并不认同,但他们的精神却是中华民族民气未衰之证明。如果我们超越那个时代的局限,也可以看到当时许多知识分子的不足。他们大都是以西方的所谓视野或者学术框架来研究中国的文化，缺少真正的文化自觉与文化自信，这是值得我们反省的地方。面向未来，我们务必要超越"西方中心论"的狭隘与自卑，要有建构中华学术体系、理论体系、规则体系的自觉，而不是简单地模仿和移植其他民族的学术体系。

（四）儒家之总纲：澄明"道心"而成就志士仁人

纵观儒学的发展史，尽管学说纷呈，但儒学各大家认为人人皆有良知，人人皆有道心，所以千教万教，无非让人发明本心，觉悟良知，不断地在自我超越中成就志士仁人，这是儒家思想的总纲。可以说儒家的思想重在"立"，将人性之中的"道心"立起来，从而养人生浩然正气，引导人做一个堂堂正正大写的人。也正是这种儒家的教育，成就了中国文化史上一个个的丰碑和路标，诸如"周公吐哺，天下归心"，孔子"知其不可而为之"，孟子的"大丈夫"气象，诸葛亮的"出师未捷身先死，长使英雄泪满襟"，杜甫的"安得广厦千万间，大庇天下寒士俱欢颜"，范仲淹的"先天下之忧而忧"，岳飞的"还我河山"，文天祥的"人生自古谁无死，留取丹心照汗青"，顾炎武的"天下兴亡，匹夫有责"，林则徐的"苟利国家生死以，岂因祸福避趋之"，谭嗣同的"我自横刀向天笑，去留肝胆两昆仑"，孙中山的"吾之所向，一往直前，愈挫愈奋，百折不挠"，等等。这些中华民族的英雄或者脊梁，总是在国家需要的时候将民族振兴的责任一肩担起，这无不与儒家精神的熏陶和滋养有关。

儒家思想的主旨可谓一以贯之，但在展开的不同阶段，又各有不同的特点和重点。公正地说，人性是一个很复杂的问题，儒家看到了人性之中的积极和觉性的部分，而且认为只有把人性之中的良知和觉性加以启发和高扬，才是一个真正意义的人。应该说，儒家的这种思路，对于培养人们的道德人格，对于尊重人们自我觉悟能力方面，有着重要意义。人性之复杂，不是用善恶可以来简单地评价。但是，毋庸置疑，我们应该启发和高扬人性之中积极的部分，这是儒家的价值和智慧所在。但是，人性之中的某些需求，诸如饮食男女，不好简单地斥之为邪恶，只能是有所节制，如果人们走上永不满足的追求贪欲的道路，最终必然会引发灾难。我们看人类历史上发生的两次世界大战，从人性的角度看，哪一次不是因为人类无休止的贪欲引起的？由此，我们就可以更好地理解联合国教科文组织总部大楼前的石碑上的这样一句话："战争起源于人之思想，故务须于人之思想中筑起保卫和平之屏障。"

有人讲国家之间的关系，受制于利益，但所谓的利益之争，仍然是人们的贪欲在起作用。如果人人都懂得节制，国家之间也懂得节制，很多人类的冲突就可避免。人类的很多苦难，不是上天给予的，而是人类自找苦吃，咎由自取，是思想的短视和格局狭隘所致。世上本无事，庸人自扰之。

四 道家的逍遥与"归真"

　　道家思想历来被很多知识分子和政治人物重视,有的人认为道家思想是权术,有的人认为道家思想消极,这其实都是不求甚解的武断之言。那么,道家思想究竟如何? 我们需要抛开先入为主的偏见,而是从道家思想的文本出发,尽可能还原道家思想的原貌。由于道家思想有着极其丰富的文本资源,比如《道藏》,但在这浩如烟海的道家典籍之中,《道德经》和《庄子》是无可置疑的道家思想元典,我们就以这两个文本为基本依据,尝试就道家思想的主旨做一个简单的梳理和阐释。

　　在思考道家思想的主旨时,我们要问:道家关注的是什么问题? 道家一以贯之的努力方向是什么? 我先从老子的著作中作出回答。

(一)《道德经》

　　《道德经》又称《老子》,这本书只有五千多字,但在这简约的文字中,存在着极大的智慧。这种智慧已经超出国界,据北京大学哲学系已故学者熊伟先生回忆,当代德国著名哲学家海德格尔曾经招收中国台湾地区的学生作他的研究生,有一次,该学生把《道德经》的文本翻译给海德格尔阅读,为了不引起海德格尔的误解,他顺便解释:《老子》这本书没有严密的逻辑,只是一些闪烁着智慧的思考。言外之意,担心像海德格尔这样受过严格逻辑训练的人不认同老子的思想。但海德格尔的反应令他感到意外。海德格尔非常严肃地告诉他:不要这样说,我虽然还不能完全理解老子的智慧,但已经被读懂的智慧折服。没有现代所谓的逻辑,并不是缺点。恰恰相反,任何一个被逻辑包裹的思想家都很难这样有灵性和生命力。大家知道,作为存在主义学派的一代宗师,海德格尔非常关注人的生存哲学和人类中心主义引发的问题。海德格尔对人类中心主义的反思,一定会从老子的思想中受益良多,这恐怕是海德格尔格外赞叹老子的重要原因。

老子在五千字的《道德经》中,表达了极其丰富的思想。对老子思想的理解,我们先不要沉陷于具体语句的智慧,而要从整体审视他的思想,进一步总结老子思想的内在逻辑:

1. 宇宙有"道"

老子认为在人生和宇宙中,有"道"存在。这个"道"究竟是什么,老子在多处做了解释。《道德经》第一章:"道可道,非常道;名可名,非常名。无名天地之始,有名万物之母。故常无欲,以观其妙;常有欲,以观其徼。此两者同出而异名,同谓之玄,玄之又玄,众妙之门。"这是常被大家引用的一句话。在这里,老子指出世界有"道"存在,这个"道"究竟是什么,老子也没有办法用语言说清楚,而是从有和无的角度对"道"做了描述:在天地产生之前就存在,万事万物看起来纷繁杂芜,实际上都是"道"的显现,人们可以从有和无两个状态感受"道"的奇妙。在第二十一章,老子说:"道之为物,惟恍惟惚。惚兮恍兮,其中有象;恍兮惚兮,其中有物。窈兮冥兮,其中有精;其精甚真,其中有信。自古及今,其名不去，以阅众甫。吾何以知众甫之状哉？以此。"大家可以看出，在本章，老子对"道"的描述也开始用"惟恍惟惚"这样的形容词，表明了宇宙大道的不可言说的特点。孔子的学生子贡曾经说"夫子言性与天道，不可得而闻"，这其实就类似于老子的状态，对于宇宙的大道，不是语言可以表述的，所以孔子很少和学生谈及。

在第二十五章，老子则直接说："有物混成，先天地生。寂兮寥兮，独立而不改，周行而不殆，可以为天下母。吾不知其名，字之曰道。"也就是说，老子知道天地之间有大道的存在，"道"既是万物的根源，又是万物之所以如此的"根据"，但老子没有办法用语言说清楚，只能给他勉强起一个名字，曰"道"。

很显然，老子告诉我们宇宙运行的背后，都受大道的支配，而且尝试从各个角度对"道"作出说明。那么，我们不禁要问：老子所言的"道"，究竟为何物？对于老子的"道"，我们不妨做一点深入的解释。

每一个人几乎都会问这样的问题：我们生活的这个世界是杂乱无章的？还是背后有一个内在的规则和秩序？我们这个世界为什么是这个样子？而不是其他的样子？如果这个世界背后有一个内在的规则和秩序，那么这个秩序是什么？我们应该怎样看待这个秩序？诸如此类的问题，是生活在宇宙之中的人类必须思考的问题。我们常说人要把握自己的命运，不要被无知和愚蠢操纵，从而摆脱蒙昧无知的状态，但我们怎么才能把握自己的命运？这就要对世界背后的这个秩序和规则有一个领悟。《易传》说："形而上者谓之道；形而下者谓之器。"形而上的这个"道"，实际上就是世界之所以如此，而不是其他状态的内在依据。

以历史的视野看，人类生命的自觉和智慧的提升过程，就是一步步理解自身和世界的过程。正是因为有了对世界和自身的认识，我们才能创造出现代科技，才能逐渐地让自己生活得越来越自由。老子就是试图把我们生活的整个宇宙背后的内在规则和秩序告诉我们，并按照和遵循宇宙的规则行事，这就是道法自然。这个宇宙运行的依据和规则在老子看来就是"道"。但我们不禁要问：这个"道"为什么不能用语言说清楚呢？其实并不奇怪，大道不是形而下层面具体的东西，而是现实世界背后的规则和依据，这个大道可以用语言说，但是无论怎么说都不过是对大道的形容，而不是大道本身。如同孔子说"仁"，说来说去，在不同场合、不同对象，孔子对"仁"的解答并不相同。其实并非孔子的思想支离破碎，而是"仁"作为一种心灵完全净化之后的境界，根本不可能用某一种状态加以形容。因此，孔子只能因材施教，针对每一个学生具体的问题，作出不同的回答。对于宇宙背后的"道"，也是这样的问题。大道之运行也，世界万千的变化，都是"道"在起作用，或者说是"道"在显现。

"道"可以是世界万象，但世界万象不等同于"道"。比如：面可以做成水饺、面条、包子、面包、烙饼等等，但我们不能说面条就是面。因此，老子一直想给我们说明：世界不是杂乱无章，世界的演化有着内在的规则和秩序，不论我们认识得到，还是认识不到，都在那里起作用。老子希望用语言告诉我们"道"是什么，但任何用语言的说明都已经不是"道"本身了，所以老子一直努力说什么是"道"，但只能对"道"做一些解释，而不是给"道"下一个固定的定义或者概念。所以老子才说："有物混成，先天地生。寂兮寥兮，独立而不改，周行而不殆，可以为天下母。吾不知其名，字之曰道。"对于一个不能被语言限制的"道"，一旦非要用语言表述，那就不是活泼泼的"道"了。再比如，在第十四章："是谓无状之状、无物之象。是谓惚恍。迎之不见其首，随之不见其后。执古之道，以御今之有。能知古始，是谓道纪。"

尽管老子没有办法用语言直接对"道"下一个明确的定义，但是"道"的显现总是有规则可循。对此，老子用了委婉的方法，从大道外在显现和大道怎么起作用的角度对于大道的运行特点作了概括：

其一，有无相生，高下相倾。老子看到，我们生活的这个世界是一个对待的世界，如同《易经》所认为的"一阴一阳之谓道"。世界中的每一个事物，都处在相辅相成之中。这种对世界的观察，对于我们理智地看待世界有很大教益。任何事情，都有它的反面。很多人只看到刀刃上的蜂蜜，而没有看到蜂蜜的背后是发光的利刃。一个人，不管怎么做人，怎么努力和尽心，一定有他的对立方，一定有人不喜欢。一个人做事情，无论多么追求完美，一定会有反对的看法。我们在看待或者做任何事情的时候，都要注意到事情的另一面，都要看到事情的对立方。所以，上天关闭一扇窗的时候，一定开了另一扇窗；怨天尤人是因为没有智慧看到另一扇窗。有机会做到某一个很好的位置，这个位置可以给你荣耀，也会给你凶险。在某一个位置上，一旦经不住诱惑，可能会身败名裂，一切曾经的荣耀都会随风而去。因此，对于这个世界相辅相成的特点，我们应该有充分的认识，得到一些东西，没有什么值得狂喜之处；没有得到一些东西，也不必难过。很多家庭，过平凡的日子，夫妻和睦，一旦中了彩票，突然之间看到很多钱，结果很多人把握不住自己，导致家庭破裂。任何一个事情，都有着对立的两面，这应该成为我们观察世界的自觉。利益的背后是风险；顺利的背后可能有波折；苦难的同时，机遇与之并存；生活富裕的时候，可能引人堕落，如此等等，都是生活的常态。因此，中华文化的这些东西，是对宇宙大道的深刻体悟，是非常有智慧的观察，我们应该好好地领悟。

曾有一个孩子被一所知名大学录取，家里非常高兴，高调宴请各路宾客，庆祝孩子高考成功。如果大家看问题再深远一些，恐怕就不会这么简单了。孩子考上名校，固然是好事，但家长是否想过：正因为孩子考上名校，将来走向社会也许有更多机会，如果自己的修为不够，德行和定力不够，当面对更多机会的时候，恐怕也会有隐忧。所以，如果家长有深厚的国学修养，当孩子考上名校的时候，不但不要夸耀，而且还要告诉孩子正因为考取好的大学，才要更加注重德行和人格的提升，厚德才能载物，只有这样才不会飘飘然，不会走错路，这才是真正的大智慧。就如同提拔干部一样，能够得到重用和提拔，固然是好事；可是另一面，面临的考验也更大了，如果德行和智慧不够，提拔的同时也是灾难的开始。

其二，反者道之动。这就是所谓的物极必反。这个世界，有一个特点：任何事情，发展到了极致的时候就会走向它的对立面。《易经》也有这样的智慧，六十四卦才要在《泰》卦之后就是《否》卦，《既济》卦之后就是《未济》卦，月盈则亏，水满则溢，这是不以意志为转移的宇宙铁律。所以，地球到了一定程度，会走向消亡，太阳系也如此，推而广之宇宙也如此，没有人能够改变得了。懂得了物极必反的道理，有机会的时候，就好好地珍惜，该放弃的时候，就要勇敢地放弃。做人要懂得谦卑，不要飞扬跋扈，因为一旦到了极致，死期也就要到了。很多人不懂得这个世界运行的大道，一旦掌握了权力，飞扬跋扈，自以为是，骄奢淫逸，看似辉煌一时，不知早已经为自己埋下了祸根，最后被历史埋葬。所以，我们应该时时反省自己，时时检视自己的过失，时时感受到自己的不足，时时接受别人的批评。只有这样，我们才能永远认识到自己的浅薄，才能永远处在学习和进步的状态。这是一个人、一个组织、一个民族永葆生机的法宝。中国近代之所以屡遭凌辱，很重要的一个原因，就是清政府长期以"天朝大国"自居，结果无视西方国家发生的翻天覆地变化，更看不到自身的迂腐和愚昧,最终导致近代丧失如此多的领土和主权。我们应该永远引以为戒。反之,如果能够经常反省自己,保持文化的清醒,当与西方打交道的时候,能够看到西方的优势,并勇敢地革新和学习,何至于近代如此破败的命运? 所以老子说:"物壮则老,是谓不道,不道早已。"

其三,道法自然。老子认为这个宇宙之中的"道",是自然而然的运行过程,不论人认识到还是认识不到,都在起作用。基于这个认识,一个人只有认识道,体悟道,才能顺道而为,否则就是背离了这个宇宙大道。在第三十四章,老子说:"大道泛兮,其可左右。万物恃之以生而不辞,功成而不名有。衣养万物而不为主。常无欲,可名于小。"也就是说,大道的运行不是人可以左右,宇宙万物的生长都是道在起作用,但"道"并不像人那样有一点贡献就到处张扬,希望地球人都知道自己的功劳,大道对万物的成全是"功成而不名有"。在第七十九章,老子说:"天道无亲,常与善人。"天道的运行没有亲疏远近,它是一个自然而然的状态。但是,一个善人,一个真正心中无我而愿意成全别人的人,恰恰与大道的运行吻合,所以这种善人的言行与道一致,也自然能够因为与大道的吻合而受益。在第五章,老子又说:"天地不仁,以万物为刍狗;圣人不仁,以百姓为刍狗。"大道的运行,自然而然,你顺应它,就会因为和大道吻合而受益;你背离它,就会因为违背大道而受到损害。既然大道自然而然,人们为什么难于领悟大道而受到损害呢? 一个很重要的原因就是人们总是有各种欲望,总想事情的发展如同自己期待的那样,不懂得道法自然,这是人类最大的毛病。为什么人与自然的关系如此紧张? 几百年来,人们在欲望的驱使下,征服自然、掠夺自然、盲目开采,为的就是满足人类狭隘的私利,最终导致今天一系列的问题。很多家长在培养孩子的时候,不能够真正尊重孩子的特点,不能够顺应孩子的个性和特长,非要孩子服从自己的愿望,最终的结果,导致孩子的强烈叛逆,也会影响孩子的成长。一句话,孩子有孩子成长的"道",这个过程也是自然而然,孩子如果可以成为齐白石,家长为什么一定要他成为公务员呢?其中背后的原因就是人们困于自己的欲望驱使而背离"道法自然"的道理。对于孩子的教育,家长自然可以因势利导,但不是事事操办,那样会适得其反。

其四,道是事物的源头。第四十二章:"道生一。一生二。二生三。三生万物。"道不仅是宇宙的法则,还是宇宙的源头。对于道如何产生万物,老子说"道生一",大道不是空洞,总是要显现,道的力量和作用显现出来的第一个阶段就是"道生一"。这个"一",包含了各种可能,进一步的演化,就会产生两种相反相成的力量,这就是道生二。不同力量的碰撞、融合,就是道生三,在这个过程中,各种力量组合、融合、碰撞、显现,最终形成极其复杂的世界。这种认识,对于道家的修身理论产生了重要影响。既然宇宙万物、花花世界皆是大道运行的结果,那人们领悟大道的过程就是不断回归道的过程。所以,道家与儒家相比,儒家引导人们如何去做,道家告诉人们不要妄为,看起来二者背离,其实殊途同归。儒家的仁义教化,是告诉人们如何做才能符合大道;道家告诫人们不要妄为,也是引导人们在排除干扰的前提下如何领悟大道。因此,大家在看问题的时候,不能仅仅看到表面的冲突,而是要看到问题的实质并加以分析和决断。

正因为道是万物的源头,所以当一个人能够真正领会大道的时候,才能生发万物,才能创造丰功伟绩。大家看任何一个行业的领袖或者精英,都是某种程度上领会了运行之道,或者是顺应了宇宙大道,只有如此,才能顺道而为,做出一番成就。

2.顺道而为

老子在对"道"做了一定的阐释之后,就要解决这样的问题:人类和"道"的关系是什么? 人们怎么样才能成为得"道"的人? 也就是说,老子讲出一个"道"之后,目的在于人们如何领悟大道,如何提升人类的智慧和觉悟,如何掌握自己的命运。

对于人与道的关系,老子说:"人法地,地法天,天法道,道法自然。"(第二十五章)也就是说,人类行为的合法性就在于是否符合道,如果人类的行为背离了大道,那就会导致这样的结局:"不知常,妄作凶。"在《道德经》中,老子讲述了很多关于天道运行的道理,也讲述了一个人如果顺应天道是什么结果,背离了天道又是什么结果。比如在第九章:"持而盈之,不如其已。揣而锐之,不可长保。金玉满堂,莫之能守。富贵而骄,自遗其咎。功遂身退,天之道也。"这一章的意思是:一个人带着贪欲的心,希望永远拥有财富和荣耀,而且拥富自满,最终一定会引发灾难。老子赞成的是功成身退,这样才是符合天道。我们如果观察历史,就会发现老子的智慧。秦始皇在统一六国之后,带着盖世的奇功,希望自己做"始皇帝",自己的儿孙做二世皇帝、三世皇帝等等。殊不知,秦始皇去世之后不久,一把农民起义的大火烧破了整个秦王朝的天空。一个推行严酷刑法,动辄对民众施以酷刑,不懂得仁爱天下的王朝,怎么可能长治久安? 相比之下,张良则是一个懂得顺道而为的人。当刘邦天下初定的时候,张良认识到:刘邦平定天下,需要他这样的谋士出谋划策,也需要韩信这样的人攻城略地。但当项羽乌江自刎之后,需要征战的时代结束了,随之而来的是如何防止战乱,踏踏实实地做好国家建设,这个时候,国家削减武力,发展生产,也是自然之理。

因此,一个真正有智慧的人,就要功成身退,因为这个时代结束了,不要因为自己的贪欲和对名利荣耀的贪恋,而违背了天下初定希望踏踏实实恢复生产的潮流。在这一点上,张良是识时务者,俊杰也;而韩信的故事则让人一声叹息。推而广之,很多人认为老子的思想是讲求权谋,其实这是对老子的误解。比如第三十六章:"将欲歙之,必固张之;将欲弱之,必固强之;将欲废之,必固兴之;将欲夺之,必固与之,是谓微明。柔弱胜刚强。鱼不可脱于渊,国之利器不可以示人。"这句话的意思是当一个人要打败对手的时候,就要给对手得意猖狂的机会,这样才能让对手弊病百出;一个人无论多么强大,都要有自己的根据地,都要懂得把自己最核心的能力掩藏起来。其实,老子说这些并非让人使用权谋,老子不过是客观地把大道运行的规则告诉人们。人们按照大道的运行做事,就可以吉祥顺利,否则,必然会因为背离大道而受到惩罚。

老子曾说:"天之道,损有余而补不足。人之道则不然,损不足以奉有余。"(第七十七章)大家观察宇宙和人类社会,就会发现老子的智慧:宇宙的演化,就是损有余,补不足。高山风化,就要把碎石流向山谷;大雨滂沱,就要把高处的泥沙冲向洼地。而人类社会的有些做法则相反。强者掌握了权力,往往会有马太效应:越是有权力的人越能够掌握资源,越能够得到更多的财富。穷人,越是贫穷,越是没有机会,越没有机会,只会更加贫穷。这样人道与天道背离的结果,就是人类越来越不公正,最终必然引发社会的动乱。在这个过程中,穷人不堪忍受,于是爆发起义,进行大量的杀戮和掠夺财富。这看起来很残酷,却应了老子的智慧:人道必然要符合天道,人类的做法背离天道久了,自然会通过某种方式去吻合天道。因此,如果我们真正领会了老子的智慧,就应该在治理社会的时候,尽可能让人道符合天道,讲求公平正义,让每一个人生活得有尊严。这就需要创造一种有活力的制度,阶层绝不可固化,上下通透,从而让社会矛盾不至于激化到发生暴力的时候,就可以得到化解。大家也从中可以理解为什么人类社会几千年以来,每隔上一些时间就会发生革命和新旧朝代的轮换。如果社会是一个开放的社会,是一个实现了公平正义的社会,是每一个人都可以生活得有尊严的社会,是每一个人好好努力就可以改变自己命运的社会,是一个社会矛盾可以得到很好的化解的社会,人们怎么可能进行暴力革命呢?

如果我们进一步追问:既然人道必然要顺应天道,那么,现实中人们为什么不能真正领悟道呢? 反而是屡屡背道而行呢? 对于这个问题,老子说:"天下有道,却走马以粪;天下无道,戎马生于郊。祸莫大于不知足,咎莫大于欲得,故知足之足,常足矣。"(第四十六章)这里老子实际上指出了人们不能领悟大道和不能顺应大道的根本问题,就是"咎莫大于欲得"。人们的这种贪欲,蒙蔽了领会大道的眼睛,使得做任何事情都希望按照自己的愿望去做,处处以自己的利益为出发点,处处算计和患得患失,这种状态根本不可能顺应大道。老子又说:"名与身孰亲? 身与货孰多? 得与亡孰病? 是故甚爱必大费,多藏必厚亡。知足不辱,知止不殆,可以长久。"(第四十四章)很多人分不清利害,不知道轻重,结果在追求贪欲的时候把最重要的东西丢掉了,从而导致身败名裂。一个人只有知道了"止",才可以避免自我毁灭。老子的这个看法,与孟子的"人有不为也,而后可以有为",《大学》的"知止而后有定",有共通之处。在第十三章,老子又说:"宠辱若惊,贵大患若身。何谓宠辱若惊? 宠,为下得之若惊,失之若惊,是谓宠辱若惊。何谓贵大患若身? 吾所以有大患者,为吾有身,及吾无身,吾有何患? 故贵以身为天下,若可寄天下;爱以身为天下,若可托天下。"老子为什么说"贵大患若身"?其原因就在于每一个人都不可能不受到身体的影响,身体的各种欲望自然会影响到一个人的心智、情绪和行为。我们常说灵与肉的关系，一个人的理性管不住身体，那就是肉欲战胜了理智，就容易犯错误，现实中很多人就是因为不能控制自己的欲望而走上犯错的道路。既然这样，人类如果希望领悟大道，希望顺应大道，就不能被欲望绑架，不做贪欲的奴隶。只有这样，才能真正让智慧做主，才能领悟"道"，顺应"道"。

3. 何以悟"道"

关于如何让人领悟"道"的问题，老子在第四十八章作了较为清晰的说明："为学日益，为道日损。损之又损，以至于无为，无为而不为。取天下常以无事，及其有事，不足以取天下。"这一句话，也可以说是道家思想的精髓，是我们理解道家思想的枢纽。那么，什么是"为学"？什么是"为道"？"无为"又是什么境界？"无不为"又是怎么回事？所有这些，都需要细致说明。

"为学"，是指技术层面的知识学习。人活在世上，需要掌握很多知识才能生活，比如种庄稼、盖房子、发明科学技术等等，这是大家都认可的事情。到了今天，人们需要掌握的知识就更多一些，包括陆地、海洋、空中等等领域，都有太多的知识需要大家掌握。当前大学生就业虽然很难，但社会上流传"艺多不压身"的话，就是指学生多考几个证书，多掌握几门技艺，包括外语、计算机、驾照、金融、律师资格等等，就更容易找到合适的工作。所有上面说的这些，都属于"为学"的范围。"为学"的对象是知识和技术。对于这些东西，人不去学习就不能掌握，从这个意义上，我们称之为"为学日益"。可见，"为学"的过程，是"加法"，是一个人的知识不断增加的过程，可谓活到老，学到老，此之谓"为学日益"。

而何为"为道"呢？"道"在中华文化中是一个很了不起的字眼，

我们称呼一个境界很高的人为"得道"之人。"道"为何意？儒家讲"朝闻道，夕死可矣"；老子更是以《道德经》专门论"道"；佛学虽然不太用"道"这个词，但《心经》上说得明白，得道即是"照见五蕴皆空，度一切苦厄"。"道"本是一个很难言说的概念，如果勉强对其做一个解释，"道"在中华文化的语境中，是人生和宇宙的实相，是大千世界背后的那个"本体"，是宇宙运行背后的规则。但在现实中，作为一个有思想、有欲求的人，如何才能认识这个"道"？如何才能将自身行为与"道"和谐统一呢？这就是摆在人们面前的重要任务。

中国传统文化中的很多古圣先贤认为：人的"觉性"如同透亮光芒的珍珠，什么宇宙、人生的真理皆可以体认和觉悟。但是，由于人又充满了各种的欲求，而这些欲求则如沾染在珍珠之上的污垢，因为有污垢的存在，珍珠的光芒自然被隐藏，也根本无从觉悟到人生和宇宙的大道。因此，无论是孟子的"养心莫善于寡欲"，还是老子的"为道日损""见素抱朴"，皆是此意。所谓日损，是指要人们不断地去掉沾染在珍珠上面的灰尘——贪欲等各种人性的弱点，从而把珍珠本有的光亮显现出来。当人们不断地擦去"自性"上的污染，从而真正呈现出光亮晶莹的"自性"时，所谓人生宇宙之大道就能够与"自性"合为一体。这个时候人的境界就是"人与道同"。到了这个境界，孔子讲的"从心所欲而不逾矩"，庄子讲的"内圣外王"，禅宗赞许的"大机大用"，皆成为现实。故此，老子说"无为而无不为"。对于一个经常被各种贪欲左右的普通人而言，要想完全变得纯净，把纯净本性上的污染完全去掉，那是一个不断净化的过程，这就是"损之又损"。故此，《中庸》才说"至诚无息"，所谓"无息"就是追求清净的自性没有止境，需要永远努力。但当一个人真正把纯净本性上的污染去掉之后，那种境界就是"无为之处"，而当一个人心灵完全纯净之后，就如同儒家所说"感遂而天下通"。也正是在这个境界上，人们就会超越小我的限制，就会真正做到"心包太虚，仁爱天下"，真正能够将自己与世界融为一体。也只有到了这个境界，一个人才能不会因为"小我"而去算计；才能够将家国天下的命运和责任，一肩担起，义无反顾。这就是"无为之处，无所不为"的含义。可以说，一个人的修为，只有到了不为"小我"的算计，才有为了"大我"而置生死于不顾的大勇。大家看看孔子、岳飞、文天祥等中国历史上伟大的思想家和大英雄，他们之所以能够为了国家的未来而置个人名利生死于不顾，其背后都是以大我的情怀超越了小我的得失算计，所以才能够对自己的使命一肩担起，无怨无悔。

大家看文艺复兴以来的人类历史，某种程度上一直在为人类欲望的合法性论证。现代社会的一些人，不仅没有认识到节制贪欲的重要性，而且用各种方式论证追求贪欲的正当性。坦率地说，一个人真正做到完全的纯净很难，我们固然不能拔高地看现实的人，但如果作了欲望的奴隶，丧失了智慧的判断和自控能力，不懂得自我节制，不懂得该做什么、不该做什么，最终必将引发灾难，这是很可悲的事情。尤其是别有用心的一些人，正是通过勾引别人的贪欲而控制别人来达到自身不可告人的目的；也有无数可怜的人，自身被欲望的缰绳紧紧地套住，不仅完全没有了人格，被人利用，看似风光无限，其实已经遍地杀机，而且终有一天，东窗事发，锒铛入狱，悔之晚矣。因此，老子讲述的"为学日益，为道日损，损之又损，以至于无为，无为而无所不为"（第四十八章），实际上把道家的修养过程和目标都说了出来，尽管简洁，却是清楚明白。有了这个基础，我们就可以更好地理解老子为什么强调"见素抱朴，少私寡欲"，老子为什么主张"致虚极，守静笃"，老子为什么告诫"五色令人目盲，五音令人耳聋,五味令人口爽,驰骋畋猎令人心发狂,难得之货令人行妨"(第十二章)。是以圣人,为腹不为目,故去彼取此。

有的人曾经误解老子是愚民的思想家,比如在第三章中,老子说:"不尚贤,使民不争;不贵难得之货,使民不为盗;不见可欲,使民心不乱。是以圣人之治,虚其心,实其腹;弱其志,强其骨。常使民无知无欲,使夫智者不敢为也。为无为,则无不治。"其实,这根本不是什么愚民,而是基于老子对人类智慧的体察而提出了防止人性堕落的做法。因为,争强好胜、虚荣攀比、贪图享受等各种弱点,一旦激发之后,往往一发不可收拾。人们往往因为自己追逐各种贪欲,蒙蔽了智慧,玷污了良知。所以,一个真正有智慧的领导者,不是教给人们投机取巧,不是引导人们坑蒙拐骗,不是纵容人们贪赃枉法,胡作非为。现实中也有这样的情形:有的人心机很重,处处懂得算计,处处圆滑世故,仿佛左右逢源,结果却是机关算尽太聪明,反误了卿卿性命。相反,那些做人本分,做事踏实,诚诚恳恳,待人真诚和善的人,最后善始善终。所以,表面上看起来聪明的人,未必聪明。那些只注重虚浮夸耀的人,只喜欢好大喜功的人,老子称其为"夸盗":"朝甚除,田甚芜,仓甚虚。服文彩,带利剑,厌饮食,财货有馀,是谓盗夸。非道也哉!"(第五十三章)还有,老子提出的"小国寡民"的思想,人们往往以为这是很消极的历史观。其实,老子作为一个伟大的思想家,能够提出这样的想法,自然有他的深意。几千年过去了,人们发现:当人们看似沉浸于现代科技带来的方便时候,人对自然的这种掠夺和破坏也引发了严重的问题,远远超出了地球的承载力。简单地说,地球就这样大,资源就这么多,人类在贪欲的驱使下不断地掠夺自然,满足私欲,必然引发严重后果。当地球资源枯竭的时候,当人类与自然的关系严重紧张的时候,人类还有明天吗? 到那个时候,如果人们还有机会读到老子的书,当读到小国寡民的部分,会做什么感想?那个时候,什么山清水秀,什么人与自然的和谐一体,什么蓝天白云、明月清风,还到哪里去找呢?因此,我们切不可轻易地否定圣贤的深邃,应该从智者的告诫中吸取智慧,从而让我们的生活更加符合大道的规则。

通过上面的分析,给我们这样的启发:对于伟大思想家的理解和判断,切不可轻率。我们没有必要盲目拔高古代的思想家,但不可否认,这些智者,皆是不世出的大智慧者,他们对人类社会和宇宙的洞察,往往超越了我们平时的认知,不然人人都是老子,人人都是孔子。对于这一点,我们不盲目崇拜,也不要以自己的浅薄判断圣哲,正确的态度就是首先要理解他们真实的意思是什么,然后才有资格作判断。否则,我们根本不知道圣哲的真意是什么,就不负责任地作出结论,甚至妄加判断,这不是实事求是的态度,而且对于文化的研究和传承极为有害,必须要引起我们的警惕。

4.得道之境:圣人无常心,以百姓之心为心

老子对一个得道的人是什么境界,也作了自己的观察和总结。老子谆谆告诫:一个得道的人,"圣人无常心,以百姓之心为心。善者,吾善之;不善者,吾亦善之,德善。信者,吾信之;不信者,吾亦信之,德信。圣人在天下歙歙,为天下浑其心。圣人皆孩之"(第四十九章)。一个真正的圣人,心中没有"小我",没有关于"我"的算计。只有这种心中无"我"的人,才能真正把人民的诉求当作自己的诉求,才能把人民的利益当作自己的奋斗方向。如果借用佛学的话说,一个真正的觉悟者,一定是一位菩萨,他升华了人生的境界,超越了人性的弱点,把人民的诉求和愿望当作自己努力的方向,愿意肝脑涂地的为人民做事,为众生服务。

否则，一个很自私的人，一个沉浸在小我的悲欢里而不能自拔的人，眼里只有自己，只会算计别人、利用别人，这种人不可能真正把人民的利益放在心上，更不能把人民的心当作自己的心。可以这样说，在老子的思想体系中，一个真正得道的人，就是一个真正无我的人，一个真正天下为公的人，一个真正与宇宙大道融为一体的人，一个真正能够领悟道而且能够顺道而为的人。

此外，老子在很多处谈到了得道的表现，比如五十五章："含德之厚，比于赤子。蜂虿虺蛇不螫，猛兽不据，攫鸟不搏，骨弱筋柔而握固，未知牝牡之合而全作，精之至也。终日号而不嗄，和之至也。知和曰常，知常曰明，益生曰祥。"一个真正得道的人，已经不会因为追求贪欲而丧失能量，所以会如"赤子"。五十六章："知者不言，言者不知。塞其兑，闭其门，挫其锐，解其分，和其光，同其尘，是谓玄同。故不可得而亲，不可得而疏，不可得而利，不可得而害，不可得而贵，不可得而贱，故为天下贵。"一个真正觉悟的人，真正的知者，状态就是"不言"。不言的原因就是任何语言都不可能表述大道。人和大道融为一体的状态就是"玄同"。

通过对老子思想的解释和总结，我们可以得出：老子看到了世界并非杂乱无章，大化流行之背后有一个不以我们的意志为转移的客观的规则，这就是"道"。对于人与道的关系，老子认为：人道须与大道吻合，否则必然会因为背离大道而受到惩罚。而且，老子对于一个人为什么不能领悟大道做出了解释，对于人们如何领悟大道指出了方向，提供了切实可行的做法。更进一步，对于人们领悟大道之后的境界和状态，老子也作了很好的阐释。由此观之，人们常说的老子思想缺少逻辑，实际上并非如此。《老子》的文本看起来缺少严密的逻辑体系，老子的思想却是一个严密的整体。老子悲天悯人，希望人们能够在顺应大道的过程中，实现天人和谐、生活吉祥的目的;但实际上人们困于自己的自私、贪欲和狭隘,很难理解老子的苦心。所以,他不无感慨地说:"大道甚夷,而人好径。"(第五十三章)面对众人的不理解,他说:"吾言甚易知,甚易行,天下莫能知,莫能行。言有宗,事有君。夫唯无知,是以不我知。知我者希,则我者贵。是以圣人被褐怀玉。"(第七十章)回望人类苍茫的旅程,那些圣哲,以自己的睿智和慈悲,希望把自己领会到的智慧告诉人们,可惜的是,芸芸众生沉陷于各种光怪陆离的诱惑中不能自拔。难怪李白感叹"古来圣贤皆寂寞"。沉思历史,不禁让人一声叹息。

(二)《庄子》

《庄子》这本书历来得到很多人的喜欢,但在汪洋恣肆的文风与气象万千的文字中,庄子究竟要说什么? 这恐怕是很多人不得其门而入的一个问题。也有很多学者认为,《庄子》这本书的内容庞杂,有一些章节不是庄子本人所作,但可以肯定,《庄子》是我们研究庄子思想的基本依据。我们也不拟对《庄子》这本书做考据式的研究,而是从内在思想的角度对庄子做一点解读和总结。

为了更好地给读者呈现出庄子思想的原貌,先对其做一个总体的介绍。庄子继承了老子的思想,又有自己的发挥,他把那种可以领悟大道,并可以顺应大道的人,称之为"真人"。直到今天,道家的思想还有庄子的这种痕迹:道家通常都把修养高的人,称为"真人"。比如,邱处机称为邱真人,王重阳称为王真人。那么,这里面就有一个重要的问题:我们普通人怎么样才能成为真人? 这也是庄子思想中最重要的部分。实际上,庄子思想在绮丽文字的背后,是在给人们讲述如何才能成为真人,真人的境界是什么。我们可以从庄子的文本中加以例证。

1.从"无所待"说起

在《逍遥游》中,庄子提出了一个"无所待"的思想:"夫列子御风而行,泠然善也,旬有五日而后反。彼于致福者,未数数然也。此虽免乎行,犹有所待者也。"一般人看来,列子是一个很逍遥的人,可以乘风而行,飞在天上,自由自在。但在庄子看来,列子并不逍遥和自在,因为列子的飞行离不开风,离不开风就是庄子所讲的"有所待"。这种"有所待",其实就是有所依靠,这种离不开风的状态并不是自由的状态。深究起来,对外在事物的依赖而造成的"有所待"状态正是我们痛苦的根源。在现实生活中,很多人之所以痛苦和烦恼,就在于"有所待"。有的人将幸福建立在虚荣上,喜欢各种名牌,喜欢摆出各种样子给人看,结果是每天都活在别人的眼光里,将别人的羡慕和赞赏视为自己幸福的源泉,一旦不能引起别人的关注,就不知道如何生活。这种人其实生活得很累,喜欢攀比,喜欢名牌,看似在各种光环之下,其实掩饰不住的是寂寞空虚的灵魂。有的人喜欢权力,喜欢被别人吹捧和前呼后拥的感觉,将自己人生的自信建立在权力搭建的光环之下。其实,任何权力都是一把双刃剑,给人荣耀的同时,也给人烦恼和凶险。更何况,任何权力都是身外之物,在特定的条件下,你可以拥有权力,在条件发生变化的时候,权力也会远离你。很多人迷恋权力,一旦失去权力,曾经的荣耀和前呼后拥随风而去,昔日的热热闹闹变成门可罗雀,由于不适应这样的巨大变化,结果导致身心都出现问题。还有的人离不开金钱,为了得到金钱,可以不惜一切代价,所有人类的良知、尊严和底线,都可以弃之不顾,结果呢?也许可能一时会得到金钱,但只看重金钱而丧失道义的最终结果往往是身陷囹圄,等到尘埃落定的时候,才发现一切建立在名利之上的大厦,都会转瞬即逝。所以,庄子"无所待"的思想是非常深刻的洞察,对我们怎么样生活得自由具有重要启迪和教益。人一定要生活得真实,一定要懂得什么真正值得追求,什么不过是"浮云"朵朵。否则,当一个人被虚名所累、被金钱所累、被权力所累的时候,看似风光,其实那种内心的疲惫和挣扎,会成为不能摆脱的梦魇。

幸福不是给人炫耀之后转瞬即逝的自满,幸福是建立在智慧之上的境界和心灵感受。那么,那种心灵无所待的人是什么样的呢?庄子在《逍遥游》中说:"若夫乘天地之正,而御六气之辩,以游无穷者,彼且恶乎待哉!故曰:至人无己,神人无功,圣人无名。"在这里,庄子提出了几个重要的概念:无己,无功,无名。何谓无己?我们在前文不断提到"小我"的问题。一个心中有强烈的"小我"的人,做任何事情都是从"小我"出发,都是满足"小我"的利益和虚荣。这种人就是"有己"。一个无己的人,才能如老子所说"圣人无常心,以百姓之心为心",才能如孔子所说"六十而耳顺",也才能如孟子所说的"大丈夫"。一个人只有做到了无己,才能成为至人。何谓无功?老子曾经说:"上德不德,是以有德;下德不失德,是以无德。"(《道德经》第三十八章)老子的意思是,一个真正有道德的人,并不会天天把自己是一个有道德的人装在心里,这种人做有道德的事,不过是顺应大道的自然而然的行为而已,并不是博得虚名的手段。这种人顺应大道,成全别人,悲悯众生。在常人看来,这是一个很有道德的人,但对这种顺应大道的人自身而言,却没有这种认识。他们所作所为,不过是自然而然而已,不过是本应该如此。普通人就不是这样,很多人在做一些善事的时候,希望人们能够记住他,希望社会能够给他肯定和表扬。这种人当然也是好人,也在做好事,但在境界上,心中还有"我"在，还有满足"小我"的这种虚荣和算计。我们虽不能求全责备，但就境界而言，道家认为这不是真正的"有德"。何谓"无名"？这种境界，是心中摆脱了任何的束缚，而不被世间的万象迷惑；这种透视万象而心灵自由的人，就是儒家讲的圣人，佛家的经典《金刚经》，称其为"无相"。我们普通人则是执着于宇宙万象的表面，并时常对各种事物的表象产生执着，根本没有能力穿透纷乱的万象而把握宇宙的实质。

那么，这种真正能够做到无我境界的人，是什么状态呢？在《齐物论》中，庄子讲述了这样一个故事：

> 南郭子綦隐机而坐，仰天而嘘，荅焉似丧其耦。颜成子游立侍乎前，曰："何居乎？形固可使如槁木，而心固可使如死灰乎？今之隐机者，非昔之隐机者也。"子綦曰："偃，不亦善乎而问之也！今者吾丧我，汝知之乎？汝闻人籁而未闻地籁；汝闻地籁而未闻天籁夫！"

这里有一个关键的词——"吾丧我"。很多人会觉得奇怪，什么是"吾丧我"？难道"我"还能把"我"丢掉吗？实际上，一个人丧"我"的过程，就是不断去掉对"我"执着的过程。一个人也只有去掉对"小我"的执着，才能实现庄子所说的"逍遥"境界。在现实生活中，人们遭遇的很多矛盾和冲突，从根本上说缘于对自我的执着。比如：孩子在自我意识没有完全生成的时候，家长让孩子做什么就做什么，这个时候家长觉得孩子可爱，为什么呢？原因就在于孩子还处在一个懵懂的状态，所以父母说什么就是什么。在这个状态下，父母由于孩子能够顺从父母的这个"我"而感到高兴。但是，孩子总会慢慢长大，在这个过程中，孩子也会逐渐形成对世界、人生的看法，这其实就是孩子的那个"我"形成的过程。在这个时候,父母让孩子做什么,孩子要问为什么;甚至父母希望这样,孩子偏偏要那样,这就是我们所谓的"代沟"。直白地说,代沟就是父母的"我"和孩子的"我"发生了分歧所致。而且,孩子为了证明自己已经长大,有了独立思想,往往通过激烈的对抗证明自己的存在,这就是青春期逆反的重要原因。如果家长和孩子都执着于自己的认识,就会发生很大的分歧,亲人之间甚至反目成仇。因此,一个人在执着于"小我"的时候,他的世界必然是一个小世界。一个人只有放下对"小我"的执着时,才有一个更加广阔的天空。

推而广之,人类的各种纷扰和冲突,无非是缘于"小我"的执着。小而言之,人与人的冲突,推而广之,国家与国家的冲突,皆与困于"小我"的自私有关。当一个人学会放下"小我"时,他才会看到一个不一样的世界。当一个人真正心中没有"小我"时,才能体悟什么是"天地与我并生,而万物与我为一"(《庄子·齐物论》)。

2. 何以领悟"大道"

庄子针对一个人如何才能达到"无所待"境界的问题,还有一系列论述。庄子的这种思想,在老子那里就是引导人们如何领悟大道和顺应大道的问题。所不同的是,庄子在这个问题上的回答比老子更加细致。

在《人间世》篇中,庄子提出了一个"心斋"的概念:

颜回曰:"吾无以进矣,敢问其方。"仲尼曰:"斋,吾将语若! 有心而为之,其易邪? 易之者,暤天不宜。"颜回曰:"回之家贫,唯不饮酒不茹荤者数月矣。如此,则可以为斋乎? "曰:"是祭祀之斋,非心斋也。"回曰:"敢问心斋。"仲尼曰:"若一志,无听之以耳而听之以心，无听之以心而听之以气！耳止于听，心止于符。气也者，虚而待物者也。唯道集虚。虚者，心斋也。"颜回曰："回之未始得使，实有回也；得使之也，未始有回也；可谓虚乎？"夫子曰："尽矣。吾语若！若能入游其樊而无感其名，入则鸣，不入则止。无门无毒，一宅而寓于不得已，则几矣。绝迹易，无行地难。为人使易以伪，为天使难以伪。闻以有翼飞者矣，未闻以无翼飞者也；闻以有知知者矣，未闻以无知知者也。瞻彼阕者，虚室生白，吉祥止止。夫且不止，是之谓坐驰。夫徇耳目内通而外于心知，鬼神将来舍，而况人乎！是万物之化也，禹舜之所纽也，伏羲几蘧之所行终，而况散焉者乎！"

庄子借用孔子和颜回的对话表达了自己的看法。颜回把吃素理解为"斋"，但孔子告诉他，那种在饮食上的节制，属于祭祀之斋，并不是他所强调的"心斋"。何谓"心斋"？在庄子看来，就是把所有外在的诱惑都放下，也就是说一个人的智慧不要被任何外在的干扰所打搅，在这种情况下，内在的智慧就可以和宇宙沟通，这种状态，也就是儒家讲的尽心知性，尽性知天。所以，孟子也曾经说："万物皆备于我，反身而诚，乐莫大焉。"（《孟子·尽心上》）如果一个人的心智不断地被外界干扰，不断地沉陷于各种诱惑之中，这个时候的人最容易乱了方寸，丧失正确的判断，也最容易做傻事和蠢事。

在《大宗师》中，庄子又提出了坐忘的修养方法：

颜回曰："回益矣。"仲尼曰："何谓也？"曰："回忘礼乐矣。"曰："可矣，犹未也。"他日，复见，曰："回益矣。"曰："何谓也？"曰："回忘仁义矣。"曰："可矣，犹未也。"他日，复见，曰："回益矣！"曰："何谓也？"曰："回坐忘矣。"仲尼蹴然曰："何谓坐忘？"颜回曰："堕肢体，黜聪明，离形去知，同于大通，此谓坐忘。"仲尼曰："同则无好也，化则无常也。而果其贤乎！丘也请从而后也。"

庄子在这里提出的坐忘过程，就是一个人不断地排除干扰、不断地回归本来智慧的过程。无论是儒家，还是道家，都认可人自身本来具有智慧，只不过在现实生活中会碰到各种诱惑，会有各种挑战。正是在和外界打交道的过程中，会迷失自己本来的智慧。这种情况在现实中比比皆是。很多人在生活单纯简单的时候，尚且知道该做什么，不能做什么；但是，随着地位的改变和接触社会的深入，很多人往往不能自我约束，忘记初心，最终走上违法犯罪的道路，导致自毁前程。对于这种现象，人们常说：人在江湖，身不由己。其实，是因为一个人没有能够守住自己本来的智慧，从而迷失了方向和坚守。庄子在这里提出的"坐忘"，就是不断地回归内在智慧的过程。我们个人在成长的过程中，也有类似的体会：小的时候，内心纯净，有很多简单的美好，一些微小的触动，蓝蓝的天空，像棉团一样白白的云朵，清澈的河水，还有河水里游来游去的小鱼，都让自己的心灵绽放，身心快乐。可是伴随着自己慢慢地长大，心灵变得复杂，对世界的感知也变得复杂。那曾经的单纯快乐，还有一缕春风都让自己欣喜的纯真年代，也似乎成为了历史。为什么很多成年人苦恼？为什么很多人怀念少年情怀？其原因就在于我们在追逐人生的很多诱惑时，丢掉了曾经的单纯和美好，没有去养护心灵深处的那份纯洁。

在《大宗师》篇中，庄子又提出了一个撄宁的修养方法：

南伯子葵问乎女偊曰:"子之年长矣,而色若孺子,何也？"曰:"吾闻道矣。"南伯子葵曰:"道可得学邪？"曰:"恶！恶可！子非其人也。夫卜梁倚有圣人之才而无圣人之道,我有圣人之道而无圣人之才,吾欲以教之,庶几其果为圣人乎！不然,以圣人之道告圣人之才,亦易矣。吾犹守而告之,参日而后能外天下;已外天下矣,吾又守之,七日而后能外物;已外物矣,吾又守之,九日而后能外生;已外生矣,而后能朝彻;朝彻,而后能见独;见独,而后能无古今;无古今,而后能入于不死不生。杀生者不死,生生者不生。其为物,无不将也,无不迎也,无不毁也,无不成也。其名为撄宁。撄宁也者,撄而后成者也。"

撄宁所表达的境界和状态,和心斋、坐忘的修养方法有共同之处,不过,在这里庄子讲述得更加细致:从外天下到外物,再到外生死,这个过程实际上是不断放下执着的过程。这种"放下"外在的物质诱惑,放下所谓的地位权力,甚至把生死都放下,对于普通人很不容易,因为很多人所有的幸福都是建立在对外在事物的依赖、占有和执着上。当一个人真正能够放下生死的时候,就是"朝彻"。这个状态,外在的一切都可以放下;那么,当一个人的内在智慧不被干扰的时候,是什么境界呢？庄子说这个时候就可以"见独"。究竟什么是见独？我们也不能随意乱说,只有当一个人达到这种状态的时候,你就会体验到什么是见独。所以,中华文化在某种程度上是非常强调实践的文化。一个人的真正修养,不能局限于理论上的认识,而是要身体力行。一个很简单的道理,一个人真正处于何种状态,不仅是嘴上怎么说,更要看他怎么做。庄子认为,一个人真正"见独"之后,任何东西都能放下,这个时候,任何对世界的执着和分别,都已经不存在了。记得在阅读近代佛学大德虚云老人家的书时,曾经有一个弟子求问修行的方法。老人家问他:你打坐的时候是什么状态? 这个弟子回答:经常几个小时的时间,弹指一挥,灵灵觉觉之间,仿佛就在一念。老人家听到这里,告诉这个弟子:你今后不要再升起解决生死问题的念头了,如果再在心中不断升起这样的念头,就是打妄念。因为在佛家看来,这种消除了分别对立的甚深禅定,是打破生死的重要基础。如果把虚云老人家经历的这个故事,与庄子描述的状态加以比较,就会发现:道和佛讲述的修养过程和方法,具有内在的一致。当一个人心中能够放下万缘,一念三千,能够真正升起内在智慧,能够不被任何外在的东西干扰,这个时候,哪里还有什么生死呢?

通过对庄子修养方法和智慧的总结和梳理,我们可以发现:庄子一直主张人要找到自己内在的智慧,找到这个内在智慧的过程,就是不断排除外在诱惑和干扰、不断净化心灵的过程。正因为有了这种认识,我们就可以理解,为什么道家反对人类的那种机巧。在《天地》篇中,庄子讲述了这样的故事:

> 　　子贡南游于楚,反于晋,过汉阴,见一丈人方将为圃畦,凿隧而入井,抱瓮而出灌,搰搰然用力甚多而见功寡。子贡曰:"有械于此,一日浸百畦,用力甚寡而见功多,夫子不欲乎? "为圃者仰而视之曰:"奈何? "曰:"凿木为机,后重前轻,挈水若抽;数如泆汤,其名为槔。"为圃者忿然作色而笑曰:"吾闻之吾师,有机械者必有机事,有机事者必有机心。机心存于胸中,则纯白不备;纯白不备,则神生不定;神生不定者,道之所不载也。吾非不知,羞而不为也。"子贡瞒然惭,俯而不对。有间,为圃者曰:"子奚为者邪? 曰:"孔丘之徒

也。"为圃者曰:"子非夫博学以拟圣,於于以盖众,独弦哀歌以卖名声于天下者乎? 汝方将忘汝神气,堕汝形骸,而庶几乎! 汝身之不能治,而何暇治天下乎! 子往矣,无乏吾事。"

其实,庄子并不是简单的反对科技发明,而是通过这样的故事有话要说,不是有些人所认为的"反动",更不是什么蒙昧,而是有自身独特的逻辑。如同老子的"小国寡民",并非什么退步的历史观,而是有着他自身对人类文明的深邃思考。当一个人将注意力放在对外部机巧的追求上时,就会迷失在外在的追求中而背离大道。当一个人真正体悟内在的智慧时,才是与大道相应,才是走在修道的路上。今天科技有了长足的进步,我们不否认科技给人类带来的方便,可是冷静想一想,这些科技究竟有多少是给人类带来真正的益处? 客观地说,科学技术可以造福人类,也可以毁灭人类,问题的关键取决于人类的心灵世界和价值观。因此,庄子借用这个种菜人的口,其实表达了道家对于如何修道、如何实现人与大道融为一体的看法。当一个人在追逐外在的世界时,他离道只会越来越远。所以,庄子提出了"有机物者必有机心"的观点。庄子的思想给我们这样的提醒:所谓的科技,不过是改善人类生活的工具,如果人类沉浸在对物质世界的征服而不觉醒,不懂得用正确的价值观指导科技的发明,最终会引发人类命运的灾难。今天出现的人与自然关系的种种紧张局面,不正是庄子所讲的"机心"太重的缘故吗? 所以,经过庄子的提点,我们不仅要大力地发展科技,而且要注重价值观和精神家园的建设,只有这样才能让科技创造为人类造福,而不是相反。

3. 何谓"真人"

在论述了庄子的如何修道的思想之后，我们不禁要问：一个真正能够领悟大道的人，是一个什么状态？对于这个问题，庄子有很多描述。其中，关于"真人"的描述，集中代表了庄子的看法。在《大宗师》篇中，庄子说：

> 何谓真人？古之真人，不逆寡，不雄成，不谟士。若然者，过而弗悔，当而不自得也；若然者，登高不栗，入水不濡，入火不热。是知之能登假于道也若此。
>
> 古之真人，其寝不梦，其觉无忧，其食不甘，其息深深。真人之息以踵，众人之息以喉。屈服者，其嗌言若哇。其耆欲深者，其天机浅。
>
> 古之真人，不知说生，不知恶死；其出不䜣，其入不距；翛然而往，翛然而来而已矣。不忘其所始，不求其所终；受而喜之，忘而复之，是之谓不以心损道，不以人助天。是之谓真人。若然者，其心忘，其容寂，其颡𩑺；凄然似秋，暖然似春，喜怒通四时，与物有宜而莫知其极。故圣人之用兵也，亡国而不失人心；利泽施于万世，不为爱人，故乐通物，非圣人也；有亲，非仁也；天时，非贤也；利害不通，非君子也；行名失己，非士也；亡身不真，非役人也。若狐不偕、务光、伯夷、叔齐、箕子、胥余、纪他、申徒狄，是役人之役，适人之适，而不自适其适者也。

关于庄子对真人的描述，我们不在这里一一引用和解释。但要指出：在道家看来，真人是一个真正领悟大道的人，它的内在状态就是一个人真正做到了内在智慧的彻现，真正做到了"损之又损"而达到的"无为"之境。在这种境界里，荣辱、生死、名利等等，早已经不存在了。心中没有妄念，当然其寝不梦；心情极为平静，呼吸下沉，自然不会急促，所以呼吸以"踵"；心如明镜，纯净自然，所以能和天地相通；放下"小我"，自然能够悲悯世人，心包太虚，能与天地一体，能与万物为一。在对真人的描述中，庄子特别说了"其耆欲深者，其天机浅"，特别需要注意。一个欲望很重的人，智慧就会被蒙蔽，欲望如同污垢，智慧如同镜子，污垢如果多了，镜子就会蒙上很多灰尘。这就是利令智昏、权令智昏、色令智昏等成语的真正内涵。大家看看身边的人，或者反观自己，庄子所说的"耆欲深者则天机浅"，是不是非常有道理？当然，我们普通人都难以完全摆脱人性的弱点，但至少懂得这个道理对我们很有帮助。

总之，《庄子》整本书，无非是讲述这么四件事情：其一，世间有道；其二，人们应该如何领悟大道；其三，领悟大道之后的境界究竟是什么；其四，人们为什么不能领悟大道。有了这种对庄子思想的总体概括，我们就能够更好地理解庄子的思想。

比如，在《齐物论》篇中，他提出"天地与我并生，而万物与我为一"的境界，那就是当一个人真正能够以"道"的角度看待问题，就不会产生对世界万象的执着，就能体会人和世界一样都不过是宇宙大道的显现。当一个人真正放下万缘，心灵虚寂，这个时候才会有"天地与我并生，而万物与我为一"的境界。反之，如果一个人忙忙碌碌，不是为名，就是为利，沉陷于欲望的追逐中不能自拔，眼中到处都是是是非非，怎么可能懂得"天地与我并生，而万物与我为一"的境界呢？所以，庄子"以道观之"，在《齐物论》中给我们描述了一种"真人"视野中的世界图景：

> 物无非彼，物无非是。自彼则不见，自是则知之。故曰：彼出于

是，是亦因彼。彼是，方生之说也。虽然，方生方死，方死方生；方可方不可，方不可方可。因是因非，因非因是。是以圣人不由，而照之于天，亦因是也。是亦彼也，彼亦是也。彼亦一是非，此亦一是非，果且有彼是乎哉？果且无彼是乎哉？彼是莫得其偶，谓之道枢。枢始得其环中，以应无穷。是亦一无穷，非亦一无穷也。故曰：莫若以明。以指喻指之非指，不若以非指喻指之非指也；以马喻马之非马，不若以非马喻马之非马也。天地一指也，万物一马也。可乎可，不可乎不可。道行之而成，物谓之而然。有自也而可，有自也而不可。有自也而然，有自也而不然。恶乎然？然于然。恶乎不然？不然于不然。恶乎可？可于可。恶乎不可？不可于不可。物固有所然，物固有所可。无物不然，无物不可。故为是举莛与楹，厉与西施，恢诡谲怪，道通为一。其分也，成也；其成也，毁也。凡物无成与毁，复通为一。唯达者知通为一，为是不用而寓诸庸。

　　庄子在《齐物论》提出的观点，并不是不可理解。我们可以把生活的世界，看作两个层次：一是世界万象的千变万化，二是世界万象之背后的大道与规则。世界万象是大道的体现，二者既是形而上与形而下的关系，也是体和用的关系。我们懂得了这个道理，就不要拘泥于世界万象的各种差别和冲突，而是要从大道的角度观察，宇宙万象不过是大道的显现而已。正是从这个角度，庄子才写出《齐物论》。世间万物的潮起潮落、风云际会，好比是演员，而大道则是这些世态万象背后的总导演。我们各有各的角色和使命，但最怕的是当我们沉浸在角色表演的时候，入戏太深，忘了在演戏，而悲悲喜喜流落一生。

　　智慧不够的人，往往只看到外物的种种区别；通达的人，就会看到不同事物背后的"一",即道。比如,很多人习惯用"你死我活"来形容人与人之间利益的冲突,这其实就是沉浸角色太深的表现。事实的真相不是如此,大道的运行也不是如此,一个真正有觉悟的人,也不会这样看问题。我们生活的这个世界,是人与人之间相互融合的有机统一体。人与人之间的关系,"万物并育而不相害",是你好我好大家好,并不是什么你死我活的关系。只有人人幸福、人人吉祥、人人安居乐业,我们才能有一个好的环境。只有那些缺少智慧的人,只看到自我的小利益,看不到人与人之间相互融合的有机统一关系,这种人才会执着于人与人之间的差别,不懂得什么是"以道观之"。因此,一个真正对世界和人生有觉悟的人,一定是与人为善的人,一定是待人真诚的人,一定是成全别人的人,绝不会是自私自利的人。正因为世界万象的背后,是大道的显现,所以庄子才说"道通为一"。由此,我们也可以理解老子的话,为什么他强调"抱一而为天下式"(《道德经》第二十二章)。

4.去掉束缚与拥有自由

那么,我们进一步追问,芸芸众生为什么那么难于领悟大道呢?我们先看庄子在《德充符》篇中讲述的故事:

> 鲁有兀者叔山无趾,踵见仲尼,仲尼曰:"子不谨,前既犯患若是矣。虽今来,何及矣!"无趾曰:"吾唯不知务而轻用吾身,吾是以亡足。今吾来也,犹有尊足者存焉,吾是以务全之也。夫天无不覆,地无不载,吾以夫子为天地,安知夫子之犹若是也!"孔子曰:"丘则陋矣。夫子胡不入乎?请讲以所闻!"无趾出。孔子曰:"弟子勉之!夫无趾,兀者也,犹务学以复补前行之恶,而况全德之人乎!"

无趾语老聃曰:"孔丘之于至人,其未邪? 彼何宾宾以学子为? 彼且薪以谳诡幻怪之名闻,不知至人之以是为己桎梏邪?"老聃曰:"胡不直使彼以死生为一条,以可不可为一贯者,解其桎梏,其可乎?"无趾曰:"天刑之,安可解!"

在这篇文章中,庄子提出了这样的一个观点:一个人不能领悟大道,是因为有"桎梏"的存在。而且,有的人天生资质就很难理解大道,这就是"天刑"。我们在阅读孔子和老子的时候,就能读到也有类似的看法:孔子曾经说:"唯上智与下愚不移。"老子曾经说:"上士闻道,勤而行之;中士闻道,若存若亡;下士闻道,大笑之,不笑不足以为道。"(《道德经》第四十一章)孔子对上智和下愚的区别,老子所言的上士和下士的区分,表示的都是人们之间天资的不同。佛教曾言"众生平等",但是这种平等是指在本性方面的平等,是指人人都有觉悟的能力,但一个人如何利用自己的觉悟能力,如何运用自己的内在智慧,每一个生命有着自己的不同,这就使得每一个人的人生呈现出不同的局面。从这个意义上看,人与人之间又存在着巨大的差别。通过阅读《庄子》,我们就会发现:道家反对任何加在人们内在智慧之上的桎梏,包括名利、虚荣、权力等等。所以,庄子主张"举世而誉之而不加劝,举世而非之而不加沮",反对任何对自己内在智慧的蒙蔽。相反,对那些一味追逐虚荣和名利的人,庄子也进行了辛辣的讽刺:

宋人有曹商者,为宋王使秦。其往也,得车数乘;王说之,益车百乘。反于宋,见庄子曰:"夫处穷闾厄巷,困窘织屦,槁项黄馘者,商之所短也;一悟万乘之主而从车百乘者,商之所长也。"庄子曰:

"秦王有病召医,破痈溃痤者得车一乘,舐痔者得车五乘,所治愈下,得车愈多。子岂治其痔邪,何得车之多也? 子行矣! "（《庄子·列御寇》）

这个故事,就是人们所熟知的"舐痔得车"。名利是一把双刃剑,给你荣耀,也给你带来危险,而且一个人一旦沉陷其中,就会被其桎梏。所以庄子反对任何来自外在的诱惑。楚国曾经邀请庄子做官,庄子对使者说:"子见夫牺牛乎? 衣以文绣,食以刍菽,及其牵而入于大庙,虽欲为孤犊,其可得乎! "（《庄子·列御寇》）在庄子看来,任何外在的束缚,看起来非常荣耀,其实都会让自己不自由,所以他主张放下一切,追求彻底真正的自由。即便是即将去世的时候,他还专门对弟子作了安排:

庄子将死,弟子欲厚葬之。庄子曰:"吾以天地为棺椁,以日月为连璧,星辰为珠玑,万物为赍送。吾葬具岂不备邪? 何以加此! "弟子曰:"吾恐乌鸢之食夫子也。"庄子曰:"在上为乌鸢食,在下为蝼蚁食,夺彼与此,何其偏也! "（《庄子·列御寇》）

人到了无任何挂碍的境界,还有什么放不下? 还有什么烦恼? 所谓烦恼,如果我们冷静地想一想,世上本无事,庸人自扰之,无非是放不下一些东西而没事找事而已。很多时候,人生不是因为拥有什么才美好,因为在这个时节因缘拥有了,随着时光流逝,有也会变成无。不要说身外之物的名利地位,就是生命到了终点的时候,也必须接受死亡。有的时候,懂得放下什么,不被所扰,才自在和逍遥。我想起了中国禅宗的四祖道信向三祖僧璨求法的故事。据记载,隋开皇十二年（592）,十四岁的沙弥道信前来拜师,向三祖说:"愿和尚慈悲,乞与解脱法门。"僧璨马上问他:"谁缚汝?"道信想一想回答:"无人缚。"僧璨接着说:"何更解脱乎?"(〔宋〕普济《五灯会元》)于是道信大悟。大意是:四祖向三祖说:请师父告诉我如何解脱的法门。三祖反问:谁束缚你了?四祖反观自身:谁束缚自己了?想一想哪有什么外在的东西捆住自己?无非是自己的心在作祟。今天,很多人埋怨社会有这样的束缚,那样的束缚,我也反问一句:谁束缚你了?自己如果有智慧看破幻相,谁又能束缚你呢?所以我们中国有成语叫作茧自缚、庸人自扰、咎由自取等等。

总之,我们阅读《庄子》的时候,不仅要欣赏他犀利的文风和精彩的语言,更要学会理解其中的智慧。对于大哲的智慧,我们很难完全学到,但庄子告诉我们的那些道理,却值得我们认真吸取。一个人,应该学会聆听内在的智慧,不要做物欲的奴隶。真正的自由,不是拥有多少财富,而是自己的智慧多通达!一个没有智慧的人,无论多少的荣耀和财富,都可能成为引发人生灾难的诱因,因为厚德才能载物。而一个人内在智慧的发现,要学会尽可能摆脱各种桎梏。在《德充符》中,庄子还提出了一个"常心"的概念。何谓常心?当一个人被各种外在的诱惑困住的时候,随着光怪陆离的世界不断转换,一个人的心也自然变换不移,这种不断随着外界追逐的心,就是"妄心"。"妄心"如同水中漂浮的泡沫,随着风浪起舞,那泡沫的下面,才是让人们不断涌现智慧的源头活水,这就是"常心"。"常心"表现为一个人的定力和清净,无论遇到什么考验,都能不为所动,不被所扰,心如静水,朗朗显前,面对各种挑战都知道该怎么应对和处理。

（三）道家之要领：去妄归真

道家思想以老子和庄子为开山祖师，也以二者的思想为指导经典。后来，在汉代的时候，以道家思想为指导，张道陵创造了道教，形成了形而上的哲理探索与形而下修证相结合的道学体系。道家思想经历了千年多的变迁，虽然在不同的时代，呈现出不同的面貌，但从主旨上，都是在引导人们摆脱桎梏，去掉加在人们内在智慧上的蒙蔽和污染，从而成为"真人"，一言以蔽之，曰"去妄归真"。我们生活的世界，太多与生命的本来意义无关的东西在诱惑人们，可是当一个人迷失了生命本来的方向和意义时，就会在各种所谓的追求中失去生命的本来状态。如同教育工作，很多人随着各种指标追来追去，经常忙于填写各种表格，无非是得到各种荣誉。可是，当我们沉静下来的时候，不禁要问：教育工作真正的目的是什么？真正的教育到底应该干什么？一个老师真正的使命不是为了得到教授、博导的职称，不是在填写各种表格之后得到多少荣誉，而是踏踏实实地教育好学生、做好文化的研究和传播，这才是教育工作者的本分。如果我们背离了教育工作的实质和初心，背离了教育本真的目的，一个教育工作者即便是获得再多的荣誉，又能如何？一个人也好，从事某一种工作也好，我们都要有穿透浮云的智慧，去追求真正值得追求的东西。也只有这种"归真"的人，才能够"不畏浮云遮望眼，只缘身在最高层"；才能心灵逍遥，道法自然，"莫听穿林打叶声，何妨吟啸且徐行"；才能该进则进，该退则退，"心无所待"，顺势而为。

道家思想史上出现的"内丹"（注重心性修养）和"外丹"（注重身体的修炼）学派，也不过是实现修养真人的不同方法而已。尤其是道家的修炼内丹的学说和实践，其实就是历代圣贤所口传心授的如何修心启智。限于篇幅,我们不能对道家的各个流派和发展历史作出梳理,但道家思想折射的智慧,引导我们看穿浮云,过一个真实的人生,这种对人生和宇宙的洞察,确实值得我们学习和深思。

五　佛家的智慧与觉悟

　　著名哲学史家、中国国家图书馆的前馆长任继愈先生,毕生从事中国哲学的研究,他认为在中国文化的各家各派中,思想最为深刻宏大的就是佛学。著名史学家范文澜曾经说:如果不理解佛学,就无法从事对中国历史的研究。应该说,这些判断都有各自的道理,对于准确看待佛学思想有重要启发。对于佛家的思想,历史上误解甚多,遭受的指责也多。大家看中国的思想史,儒家说人人皆可以为尧舜,佛家说人人皆可以成佛;儒家说人人心中有良知,佛家说人人心中有佛性。因此佛学传入中国并融汇为中国思想史的一部分有着内在的必然性。佛学与中国固有的学术思想学理相通,证悟的境界也有必然的联系。换一句话说,佛学传入中国并融汇为中华文化的重要组成部分,是中国思想史发展的必然逻辑。而且佛学融汇为中华文化一部分的历史过程,对于我们思考和研究不同文化的融合问题,有十分重要的启发。不同的文化形态,之所以能够相融,必然要在学理、内在的逻辑结构、价值导向等方面有相通之处,我们要善于通过对这种不同思想形态相通之处的研究,更好地推进多元文化的和谐发展。不仅是对佛学,对任何思想体系的判定和评价,都必须建立在实事求是的理解之上。如果我们对某一种文化缺少了解,更谈不上深刻的研究,就没有资格对这种文化作出评价。纵观历史和现实中种种对佛学的指责和批评,实际上很多都是基于没有真正了解佛学智慧之上的武断和浅薄的评价。鉴于此,我们首先要恢复佛学的本来面目,尽可能把佛学讲了些什么进行解读,并在这个基础上,尝试就佛学的价值和意义做出总结和分析。

在对佛学的思想做出介绍的时候,需要告诉大家:佛教虽然经历了几千年的发展和变化,仅在中国就有显、密、禅、净土等不同宗派,但是一个基本的事实就是无论佛学怎么变化,都不过是释迦牟尼创建的佛学思想的一种延伸,都没有背离佛陀的本怀。因此,我们要真正理解佛学的真意,必须从佛学思想的源头去尽可能还原佛学的本来面貌。同时,我们还要注意,佛学传入中国后,经历了一个与中国文化不断融合的过程,在这一过程中,惠能大师所弘扬的禅宗无疑是集大成者,也是中国佛学的代表,因此,我们有必要通过对惠能大师佛学思想的解读,来解读中国佛学的意蕴和特点。

(一)佛陀的慈悲与本怀

佛教的创始人是喜马拉雅山下古印度迦毗罗卫国的王子乔达摩·悉达多。后来,他觉悟后人们称他为"释迦牟尼"。"释迦"是他所在的种族,"牟尼"就是圣人的意思;"释迦牟尼"的意思就是释迦族走出的真正觉悟的圣人。我们抛开宗教的色彩,所谓成佛,就是成为一个真正觉悟的人。他早年享受了人间所谓的繁华和富足,后来逐渐认识到这些所谓的繁华,不过是转瞬即逝的幻影,每一个人不管生活多优越和富足,都不得不面对死亡,不得不面对疾病和各种痛苦。于是,他决定放弃自己暂时的富贵和优裕生活,走出王宫,探索人生的秘密,追求真正没有烦恼和痛苦的解脱办法。可见,佛陀关注的是人生非常终极的问题——生死以及各种人生苦难的解脱问题。对于我们每一个人而言,不论平凡或者伟大,辉煌或者显赫,生命都会面临死亡,都会遭遇各种苦难。也就是说,在死亡面前,没有贵贱,都是平等的,死亡是每一个人必须面临的结局。面对死亡,我们不免要思考这样的问题:其一,所有人生的奋斗、成就、努力等等,当死亡来临的时候,还有意义吗? 其二,几乎每一个人在面临死亡的时候,都会产生巨大的恐惧,究竟死是什么? 死亡之后又是什么? 死亡之后真就是空无所有吗? 还是有一个我们不知道的世界和未来? 佛陀就是试图对这些人生终极的问题作出回答。所以,任何一个真正人类文化史上的大智者,无不是带着悲天悯人的情怀,带着舍我其谁的担当和责任,回应人类文明发展过程中面临的根本问题,回答到什么程度,决定了其在思想史上的高度和地位。

1. 从世俗的王子到彻悟的圣人

据传说记载,释迦牟尼求道的过程曲折而痛苦,他四处求问和印证,拜访名师,既有树林中的苦行,也包括雪山脚下六年多的禅修,可是释迦牟尼始终觉得没有找到他所希望的真正的解脱。于是,他放弃了自我苦行,走出雪山,接受了牧羊女用羊奶煮的粥的供养,恢复了体力。他在菩提树下禅定,并立下誓言:如果不能真正透悟人生的真谛和找到解脱苦难的智慧,永远不起身。这个决心使得释迦牟尼很快定了下来,加上以前禅修的基础,他很容易放下万缘。就在七天之后,夜晚睹到明星,忽然之间彻悟了人生和宇宙的奥秘,于是感叹:奇哉,众生皆有如来智慧德相,只因颠倒妄想不能亲证。释迦牟尼彻悟之后的这个话,实际上已经把佛教的要旨和秘密都说了出来。也就是说,佛学认为,所有的众生,都和佛陀一样,都有彻底觉悟的能力,都有觉悟的可能性。只不过,众生沉陷于颠倒妄想,追逐世间名利虚荣,最终导致苦难和烦恼缠身。那么,既然任何生命都有觉悟的能力,佛陀所要做的就是引导人们明白自身本来就有的这种智慧,并启发人们运用这种智慧,从颠倒妄想的迷途中走出来,从而明白人生和宇宙的真实,像佛陀一样做一个真正觉悟的人。现实中很多人根本不了解佛学,单纯根据浅薄的印象和偏见,认为佛学是所谓的宗教和迷信,其实并非如此。所谓的"佛",翻译成中文就是觉悟;所谓的"成佛",就是引导人们成为觉悟的人。佛教所有的教义,说来说去,无非就是引导人们走向觉悟。带着这种对佛学的整体判断,我们就可以更好地理解佛学的意旨,而不被一些外在的现象所迷惑。

在我们理解佛教的时候,佛陀的一生就是值得我们研究、学习佛学的典范。按照佛教的传说,他是带着大愿来到人间,一定要给众生找到离苦得乐的智慧。所以,我们要明白,人生的首要就是发愿,正是这个为众生解脱痛苦的大愿,能让他看穿很多名缰利锁,看穿人生的富贵温柔,才能不忘初心。他经历了人间的繁华和富贵,却可以一朝觉悟,完全放下。这是一种什么样的智慧? 如果没有通达的智慧和高远的人生觉悟,是无法做到的。而相比我们中的很多人,面对世俗娱乐,不亦乐乎,喜欢别人的吹捧,喜欢拥有权力时别人的前呼后拥,喜欢拥有财富和地位时的纸醉金迷,最终到繁华落尽的时候,有不尽的痛苦和忧伤。海德格尔曾经说,一个人生命的真正意义要在面临死亡的时候,才会有所觉悟;一个人所有经历的价值,要在死亡面前看看是否经得起衡量。也就是说,人生之中经得起死亡否定的事,在死亡面前仍然有意义的事,才是值得我们追求的事,这其实就是生命中永恒的东西。人一生,很多东西看似辉煌,不过是转瞬即逝,昙花一现。那么什么才是真正永恒的东西? 在佛陀看来,富贵荣华、地位名利都不是。我们都要面对死亡,怎么看破生命中的幻影? 怎么做才是追求生命中的永恒和真实? 佛陀一生的求法和传播智慧的过程,就是很好的写照。

在讨论任何一个思想派别的意义时,我们都应该首先明白这个思想派别关注的是什么问题,对这个问题做出了什么回答。思想家在某种程度上,就是一个"医生",是给人类社会治病的医生,每一个真正的思想家都在关注人类的某些问题。每一个思想家对自己所关注的问题做出的回答,就是这个思想流派的意义和价值所在。在整个中华文化的体系中,儒家重点告诉我们的是人应该做什么,不应该做什么。儒家的重点是"立",把人的道心给立起来,做一个堂堂正正大写的人。所以,孔子的因材施教,周游列国,无不是在言传身教,告诉我们该做什么,不该做什么。儒家认为,一个人只有做了该做的事,拥有礼义廉耻、道德仁义,才是一个真正意义的人。而道家则是告诉人们要摆脱什么,不要做什么,认为一个人只有真正摆脱不属于人本来的东西,摆脱社会加在人们心灵之上的某些枷锁,不做欲望的奴隶,才能实现道家所认为的自由,只有一个真正摆脱了各种束缚的人,才是一个"真人"。道家主张人们要顺其自然,但这种"自然"是人类本性纯净的那个"自然",不是纯净自性污染之后的那个所谓的"自然"。一个本性纯净的"自然",人与天地相通,悲天悯人,关怀众生,顺道而为;而纯净本性被污染之后的那个状态,沉陷于各种欲望,纸醉金迷中消耗人生。所以,道家主张人们只有摆脱这种加在纯净本性之上的各种束缚,才能成为"真人",才能顺其自然。儒家的澄明道心,道家的破除虚妄,目的就是引导人们活得觉悟和自在。而真正的觉悟和自在,则是佛家关注的主题。佛家关注的是人类命运最终极的话题,佛教思考人到底是怎么回事,人类和宇宙究竟是什么,而这些终极性的问题,是回答人类所有的问题的前提。有了这样的觉悟和智慧,人生才懂得放下和自在,才能活出生命的真意义。可以说,佛家文化对人类面临的所有终极的话题,都有一个精深的回答。从这个意义上说,佛教是中国文化中最深刻的文化之一。无论是任继愈先生,还是方立天先生,这些著名的佛教研究者都持这样的观点。在佛学文化中,佛经是佛学思想的载体,我们尝试以佛学典籍为文本基础,对佛学思想做一个梳理和总结。

2.不读《楞严》,不知佛之大智

了解佛陀的思想,最直截了当的途径就是阅读佛说的话——佛经。在整个佛学的思想体系中,每一部佛经都有特别重要的意义,但限于篇幅,我们只能择其要者,尽可能给读者朋友做出介绍,以期能够更好地给大家勾勒出佛学的智慧和真意。

《楞严经》在佛学体系中占有非常重要的地位,明代的高僧憨山大师曾经说:自从读到《楞严》后,不读世间糟粕书。憨山大师这样说,并非单纯出自一个佛教弟子的护教心切,而是经过独立思考和理性判断后的结论。憨山大师早年熟读儒家和道家经典,觉得在人生和宇宙的究竟问题上未能透彻,于是决心不断求寻真理,正是经历了这样的求学经历,在阅读《楞严经》后才发出这样的感慨。这不仅是一代高僧的读经心得,也是对不同思想对比后的真实感受。那么,《楞严经》是一部什么经? 讲述了什么内容? 对整个佛学的发展做出了什么贡献? 对于此,我们尽可能简要地做出回答。

我们首先看《楞严经》的缘起,也就是说释迦牟尼佛在什么因缘下讲了这一部经。对此,《楞严经》上有介绍:

如是我闻。一时，佛在室罗筏城祇桓精舍，与大比丘众千二百五十人俱，皆是无漏大阿罗汉……时波斯匿王，为其父王讳日营斋，请佛宫掖，自迎如来，广设珍馐无上妙味，兼复亲延，诸大菩萨。城中复有长者居士同时饭僧……尔时，阿难因乞食次，经历淫室，遭大幻术。摩登伽女以娑毗迦罗先梵天咒，摄入淫席，淫躬抚摩，将毁戒体。如来知彼淫术所加，斋毕旋归。王及大臣、长者居士，俱来随佛，愿闻法要。于时，世尊顶放百宝，无畏光明，光中出生千叶宝莲，有佛化身，结跏趺坐，宣说神咒。敕文殊师利将咒往护，恶咒消灭，提奖阿难，及摩登伽，归来佛所。阿难见佛，顶礼悲泣，恨无始来，一向多闻，未全道力。殷勤启请十方如来，得成菩提，妙奢摩他、三摩、禅那最初方便。于时，复有恒沙菩萨及诸十方大阿罗汉、辟支佛等，俱愿乐闻，退坐默然，承受圣旨。(《楞严经》卷一)

《楞严经》这段文字告诉我们：佛在室罗筏城的祇桓精舍正在接受供养，阿难外出乞食，在到一个摩登伽女的家请求供养的时候，这个女孩看到阿难形象很英俊，产生淫心，于是就用了蛊术迷惑阿难。所谓的蛊术，据说直到今天在一些边远山区，还有存在。阿难作为修行人，自然要懂得维护清净之心。结果，受到蛊术的迷惑之后，阿难不能自已，迷迷糊糊跟随摩登伽女进入卧室。这个时候在佛家看来，阿难马上就要破戒了。于是，释迦牟尼立即让文殊菩萨去解救阿难。阿难回来见到佛陀，羞愧不已。因为跟随佛陀修行这么多年，结果遇到一点考验，仍然通不过。佛陀根据阿难出现的问题，要对阿难因材施教。于是：

佛告阿难：汝我同气，情均天伦。当初发心，于我法中见何胜相，顿舍世间深重恩爱？阿难白佛：我见如来三十二相胜妙殊绝，形体映彻，犹如琉璃。常自思惟，此相非是欲爱所生。何以故？欲气粗浊，腥臊交遘，脓血杂乱，不能发生胜净妙明，紫金光聚，是以渴仰，从佛剃落。(《楞严经》卷一）

佛陀告诉阿难：你我有兄弟的亲情，你当初为什么追随我出家呢？阿难告诉佛陀：是因为我看到佛陀的圣相庄严，觉得佛陀的这种庄严和美好的形象不是人间的美，因为人间的这种男女之欲，"欲气粗浊，腥臊交遘，脓血杂乱"，不可能产生如此庄严美好的形象。因此，我仰慕这种形象，也想如同佛陀一样美好庄严，所以追随佛陀出家。

听到这样的回答，佛陀怎么说呢？

佛言：善哉阿难，汝等当知，一切众生从无始来，生死相续。皆由不知常住真心，性净明体，用诸妄想，此想不真，故有轮转。汝今欲研无上菩提，真发明性，应当直心酬我所问。十方如来，同一道故，出离生死，皆以直心。心言直故，如是乃至终始地位，中间永无诸委曲相。(《楞严经》卷一）

在这里，释迦牟尼实际上把佛学的主旨都明确地说了出来。佛陀直接告诉阿难：你看到的并不真实。那么，如果阿难所看的现象，不是事情的真相，事情的真相究竟是什么？如同佛陀在悟道之后说的话，所有的众生都有和佛陀一样的智慧，但是由于众生都沉陷于颠倒妄想，所以不能看到世界的真相，不能亲自运用这种智慧。这也是佛陀为什么批评阿难的原因，在佛陀看来，阿难把他所看到的世界，就当作真实的世界，这恰恰是颠倒妄想的一种体现。而且，佛陀还指出："十方如来，同一道故，出离生死，皆以直心。"也就是说，所有这个宇宙空间的觉悟者，无不是知道这个真理，能够做到摆脱颠倒妄想，而是用"直心"观察世界。这种"直心"，就是摆脱了颠倒妄想之后的一种本真状态。在这里，佛陀已经把处在颠倒妄想中的人与能够用直心观察世界的觉悟者做出了区分。颠倒妄想之中的人，就是芸芸众生；一个真正"直心"的人，就是真正的觉悟者。下面佛陀所要做的，就是引导处在颠倒妄想状态中的阿难，不要被转瞬即逝的外表所迷惑，如何恢复直心，找到直心：

> 阿难，我今问汝：当汝发心，缘于如来三十二相，将何所见？谁为爱乐？阿难白佛言：世尊，如是爱乐，用我心目，由目观见如来胜相，心生爱乐，故我发心，愿舍生死。佛告阿难：如汝所说，真所爱乐，因于心目。若不识知心目所在，则不能得降伏尘劳。譬如国王为贼所侵，发兵讨除，是兵要当知贼所在。使汝流转，心目为咎。吾今问汝：惟心与目，今何所在？（《楞严经》卷一）

在这一段对话中，佛陀告诉阿难，你被自己的心目所看的景象迷惑，心生爱乐。但是，佛告诉阿难，你的肉眼看到的景象与心中喜欢的境界，都不是真实的东西，如果你想知道真实的世界，那么，你应该知道你的心目是什么，如果你连自己的心都不知道在哪里，你怎么可能用心产生真实的认识呢？就如同一个国王带兵擒贼，要想马到成功，必须知道贼寇在哪里。你现在被你看到的假象所迷惑，无论是你看到佛陀的美好庄严，还是看到摩登伽女的美丽，都不是真实的世界。那么，我要问你：你的心和眼睛，到底在哪里？

佛陀在这里给我们提出了一个很重要的问题。在普通人看来，眼睛看到的世界，不就是真实的世界吗？佛陀却告诉我们这是颠倒妄想。如果我们眼睛看到的世界不是真实的世界，那么什么才是真实的世界？佛陀要告诉我们一个什么样的秘密？如果说我们被眼睛看到的假象所迷惑，由此而产生颠倒妄想，那么，我们如何才能认识一个真实的世界？下面所讲述的就是佛陀如何引导我们认识什么是常住真心，什么才是世界的真相。

针对佛陀提出的问题，阿难认为："世尊！一切世间，十种异生，同将识心居在身内。纵观如来，青莲花眼，亦在佛面。我今观此，浮根四尘，只在我面。如是识心，实居身内。"（《楞严经》卷一）在阿难看来，佛陀所问的"心目在哪里"的问题，不是很简单吗？一个人的心目就在身体内部，这是显而易见的问题。但问题如果如此简单，佛陀何须发问？下面，佛陀就要一步一步地启发阿难，如何找到自己的"真心"，而不是被假象所迷惑。为了原本地恢复佛陀启发阿难的过程，请大家自己阅读元典，佛陀在《楞严经》中有非常清楚和富有逻辑的论证过程。在本文中，只能粗略地对释迦牟尼的教导做一点介绍。

对于众生之所以没有真正觉悟的原因，佛陀做了概括：

> 一切众生，从无始来，种种颠倒，业种自然，如恶叉聚。诸修行人不能得成无上菩提，乃至别成声闻、缘觉，及成外道、诸天魔王及魔眷属，皆由不知二种根本，错乱修习，犹如煮沙，欲成嘉馔，纵经尘劫，终不能得。云何二种？阿难，一者无始生死根本，则汝今者与诸众生，用攀缘心为自性者。二者无始菩提涅槃，元清净体，则汝今者识精元明，能生诸缘，缘所遗者。由诸众生，遗此本明，虽终日行，而不

自觉,枉入诸趣。(《楞严经》卷一)

在佛陀看来,一个人如果不明白凡夫为什么会生死轮回,不明白大觉悟者为什么能够成为圣人,就无从谈起任何的修行。一个人是否真正觉悟,就在于他是否能够体认常住真心。我们常说修炼心性,可是心到底在哪里? 这确实是一个根本性的问题。可以这样说,一个人对真心的体认状态,就是这个人的觉悟状态。处在颠倒妄想之中,就是众生,不免流浪生死。能够悟入元清净体,就是走向菩提觉悟之路。如此说来,佛教所追求的人生解脱,就有了非常明确的目的和方向:悟入或者体认常住真心,识精元明,解开心的秘密。分析到这里,佛教所讲授的了生脱死,讲授的涅槃妙心,并非不可捉摸,并非神神秘秘,更不是迷信和神鬼崇拜之说,而是有着清晰的思路和严密的逻辑。在具体讲述是如何引人觉悟常住真心的问题时,佛陀再次启迪阿难:

> 佛告阿难:汝等尚以缘心听法,此法亦缘,非得法性。如人以手,指月示人,彼人因指,当应看月。若复观指,以为月体,此人岂惟亡失月轮,亦亡其指。何以故? 以所标指为明月故。岂惟亡指,亦复不识明之与暗。何以故? 即以指体为月明性,明暗二性无所了故。汝亦如是。若以分别我说法音为汝心者,此心自应离分别音,有分别性。譬如有客寄宿旅亭,暂止便去,终不常住,而掌亭人都无所去,名为亭主。此亦如是,若真汝心,则无所去,云何离声,无分别性? 斯则岂唯声分别心,分别我容,离诸色相,无分别性。如是乃至分别都无,非色非空,拘舍离等昧为冥谛,离诸法缘,无分别性。则汝心性各有所还,云何为主?(《楞严经》卷二)

一般的人，在觉悟什么是自己的真心时，往往会迷惑。如同一个人问月亮在哪里，有人给他用手指月亮的位置，这个时候真正有智慧的人不是盯着手指，而是离开手指去看月亮。佛陀通过这个说法，启迪阿难：我们看世界的这个分别之心，如同手指，而我们的目的是找到真正的月亮——常住真心。也就是说，一个人在认识真心的时候，应该区分开有分别的心与常住真心的区别。如同住旅店的客人，客人经常转换，并不是客店的真实主人。经常变换的客人，就是分别之心，而客店的真正主人，则不会发生变化，这才是常住真心。那么，我们怎么样才能照破有分别的心而证悟"真心"呢？

　　　　佛告阿难：且汝见我，见精明元，此见虽非妙精明心，如第二月，非是月影。汝应谛听，今当示汝无所还地。阿难，此大讲堂洞开东方，日轮升天，则有明耀。中夜黑月，云雾晦暝，则复昏暗。户牖之隙，则复见通；墙宇之间，则复观壅。分别之处，则复见缘；顽虚之中，遍是空性。郁埻之象，则纡昏尘；澄霁敛氛，又观清净。阿难，汝咸看此诸变化相，吾今各还本所因处。云何本因？阿难，此诸变化，明还日轮。何以故？无日不明，明因属日，是故还日。暗还黑月，通还户牖，壅还墙宇，缘还分别，顽虚还空，郁埻还尘，清明还霁。则诸世间一切所有，不出斯类。汝见八种，见精明性，当欲谁还？何以故？若还于明，则不明时，无复见暗。虽明暗等种种差别，见无差别。诸可还者，自然非汝，不汝还者，非汝而谁？则知汝心，本妙明净，汝自迷闷，丧本受轮，于生死中，常被漂溺。是故如来，名可怜愍。(《楞严经》卷二)

　　在佛陀的说法逻辑中，一个人所有看到的一切，如山河日月，如光亮黑暗,如房屋墙壁,如小河树林,等等,那都不是一个人的真心,而是一个人的真心所照射的外在事物。如果一个手电筒,当用它的光束去照射天花板、树木、墙壁等等外在事物的时候,人们往往追随光束的方向而将目光定格在光束所照射的事物上。但是,光束照到的外在事物,并不是光源本身,人们只有不被光束照到的外在事物所迷惑,反观光束的来源,才能知道光源的秘密。人的视力就好比光束,人们的真心好比是光源。佛陀告诉阿难,只有把视野中所看到的诸如山林、墙壁、窗户、天空等等外在的东西空掉后,那个所有看到的东西都排除后剩下的是什么?"诸可还者,自然非汝。不汝还者,非汝而谁?"那个能让我们思考,能让你我具有视力、听力、触觉等能力的东西究竟是什么?我们可以看见任何能见的东西,但这些见到的东西并不是自己,那个能让自己具有视力的东西才是真实的自己。而我们普通人则是每天都迷失在所看的境界中,而不知道反观证悟真心。所以,佛陀才说众生"颠倒妄想"。我们读到这里,就能理解为什么中华文化一直提醒人们不要沉迷于声色犬马,不要流连于万丈红尘,不要自陷于纸醉金迷,因为这些东西不过是"客尘",是生命之光照到的光影,只有让自己"能感受外部世界"的那个东西,才是真实的自己。可惜的是,人们只知道在对外在追逐中迷失自己,而不懂得领悟真实的自己。

大家读到这里,就能更好地以佛学的思想与道家、儒家的思想互相参照。《中庸》说:"喜怒哀乐之未发,谓之中。"这个"喜怒哀乐之未发"究竟是什么?其实就是心性的源头。只有把心性的源头找到了,不被各种干扰困惑,才能将喜怒哀乐发到恰到好处的程度,这才是《中庸》所赞许的中和之境。大家再读《大学》,为什么让我们"知止而后有定,定而后有静,静而后有安,安而后有虑"?其实就是告诫我们时常关注心性的源头,而不要被外在的很多干扰所迷惑,把心真正静下来,这样才能智慧通达。中国的禅宗常有"参话头"一说,什么地方是话头呢?其实就是心性的源头之处,也是喜怒哀乐之未发之处。由此,我们也就明白了为什么历代的圣贤智者不厌其烦地告诫要少私寡欲,因为对欲望的追逐极容易迷失心性,从而导致错误的判断和行为。这一点,确实要引起我们的注意。

佛陀的这些教诲,既有着严密的逻辑,又发人深省,振聋发聩。如果静下心来仔细想一想,就会觉得有极大的智慧。我们平时一直跟随着各种感官看世界、感受世界,俗话说"跟着感觉走"。那么,什么才是真实的我们?如果我们一直向外追逐,永远没有可能认识真实的自己。所以佛陀启发我们:把各种感官感受到的世界都要排除,当一个人把各种外在诱惑排除之后,那个不能排除的东西,那个能让我们产生各种感觉的东西,能让我们看到听到的东西,不就是一个真实的我吗?而那一个我,不是任何一个形象可以说明,那究竟是什么?佛陀称之为"妙明元心"。但一般的众生,迷失在对外物的追逐中,"从无始来,迷己为物,失于本心。为物所转,故于是中,观大观小。若能转物,则同如来。身心圆明,不动道场,于一毛端遍能含受十方国土"(《楞严经》卷二)。不管一个人是否接受佛学,是否认同佛学,但是不得不承认:佛学引导人们对常住真心的感悟,有着自身严密的逻辑,你可以不认同佛学,但是不得不承认这种分析很有理性,很有条理,很有说服力。

而且,佛教的这种认知,对于我们今天正视人类面临的各种问题,有着重要的现实意义。很多人看似风光,热热闹闹,拥有各种光环,有着让人羡慕的人生,可是当夜深人静的时候,不禁要问:自己忙的究竟是什么?什么才是人生的真意义?看似忙忙碌碌的背后,往往是一个寂寥、痛苦的心灵。为什么今天的物质生活比几十年以前好得多,但抑郁症等心理疾病却多了起来？各种心理疾病产生的原因固然很多,但不可否认与我们是否能正确地看世界、正确地理解人生有很大的关系。我们常感叹今天人类的发明创造是多么的先进,但是,当人们一直在追逐外在的世界时,大家是否想过:今天多少的所谓发明都是危害人类健康的东西？是否真的反观内心追问生命的意义？就以我的人生体验为例:小的时候,生活很简单,吃的都是天然的东西,蔬菜是蔬菜,粮食是粮食,那种蔬菜和粮食天然的香甜永远留在记忆的深处。可现在呢？人们忙忙碌碌,发明了各种添加剂,各种肥料,可是我们吃的是什么？还能吃到童年时期那么美好的食物吗？每想到这里,心里都有些失落。当人们强调发展的重要性时,是否认真思考过到底什么是真正的发展？今天的人类太迷恋于自己的所谓创造了,人类的健康和命运就是这样迷失在各种光怪陆离的追逐之中。英国著名学者吉登斯曾经说:人类也许会毁在自己创造的文明手中。这是发人深省的告诫。所以,佛陀告诫我们:不要沉迷在对外在的追逐中迷失了生命的意义,一个人只有懂得反观内在的智慧才能觉照人生的意义和价值。

在《楞严经》中,佛陀不仅对人们如何觉悟"常住真心"作了开示,而且还对众生世界的内在运行规则做了清晰的说明:

异见成憎,同想成爱,流爱为种,纳想为胎。交遘发生,吸引同业,故有因缘,生羯啰蓝、遏蒲昙等。胎卵湿化,随其所应。卵唯想生,胎因情有,湿以合感,化以离应。情想合离,更相变易,所有受业,逐其飞沉,以是因缘,众生相续。富楼那,想爱同结,爱不能离,则诸世间父母子孙相生不断,是等则以欲贪为本。贪爱同滋,贪不能止,则诸世间,卵化湿胎,随力强弱,递相吞食,是等则以杀贪为本。以人食羊,羊死为人,人死为羊,如是乃至十生之类,死死生生,互来相啖,恶业俱生,穷未来际,是等则以盗贪为本。汝负我命,我还汝债,以是因缘,经百千劫,常在生死。汝爱我心,我怜汝色,以是因缘,经百千劫,常在缠缚。唯杀、盗、淫三为根本,以是因缘,业果相续。(《楞严经》卷四)

对于宇宙万物的运行法则,佛教用两个字概括,就是"因果"。一个人造作了什么因,必承受什么果,这就是佛教视野中世界的铁律。对于因果的问题,很多人会产生疑问:如果有因,必然有果,但问题是有些人多行不义,但可能这一生没有遭受大的苦难;相反很多善良的人,却生活艰难。佛学如何回答这些疑问呢? 对于这样的问题,关键是一般人不了解佛学的时空观。对此,我想起了一个学生问我的问题。一个学雕塑的学生,有一天问我:老师,好人真的有好报吗? 因果规律真的存在吗? 我问他为什么提这个问题,原来他的一位雕塑老师得了很严重的病,但这个老师为人很好,对学生也很好,兢兢业业;但是有些人的人品不怎么好,却身体很健康,于是他产生了这样的怀疑。我听明白了,告诉他:因果既是自然科学研究的对象,也是哲学的重要概念。任何事情,都有内在的因果联系,有什么怀疑的呢? 比如你的老师,平时对人很好,这就是种了与人为善的因,所以当他生病的时候大家都很心疼,这就是好人好报。试想一个平时很自私的人,一定不会让大家那么心疼。至于身体不好,也是因为这个老师平时不注意养护身体,无论是生活习惯、饮食起居,还是心情是否豁达,都会对身体健康产生重要影响。一句话,人品再好的老师,种了不健康的因,也会收不健康的果。因此,我们要劝德行高尚的人,不仅待人好,与人为善,而且要好好注意身体,这样既让大家爱戴,又健康长寿,这才是我们期待的目标。

一般人眼里的因果,不过是从我们所看到的一段时空中加以验证。但是,佛教的时空是一个无限的时空,佛教的因果也是放在无限的时空中加以认知。比如,一个人一生作恶,但生活并没有穷困潦倒,如果单独放在这一生,我们会不理解,但是如果放在一个无限的时空中,此人也许在以前久远的时空中,积善行德,所以此生有大的福报。此生作恶种下的因,也必然会在将来的某个时刻受到果报。究竟一个因种下之后,什么时候受到果报,佛教特别强调因缘。所谓的"因缘",就是内部条件和外部条件的综合。任何事情只有因缘和合,才能发生,因此,有因必有果报,但什么时候果报发生,需要各种条件具备。这也是佛教为什么强调戒律,为什么主张人们要待人和善的原因。儒家曾经讲:"积善之家,必有余庆。"但我们要问:为什么会"必有余庆"? 儒家并没有讲清楚。佛家通过对无限时空之因果律的阐释,能够有助于人们坚定做一个好人的信念。当代著名的佛学研究者方立天先生,我曾经几次听他强调因果的重要性:因果观念对人类社会的和谐有好处,人们要树立因果的观念,一个没有因果观念的民族,做任何事情,都无所顾忌,这很可怕。客观地说,人一生无论做什么,实际上都是在做给自己,都是给自己种因。一个人的生命呈现什么局面,都源于自己曾经种下了什么"因"。所以佛学非常反对迷信,反对将命运寄托在神秘力量之上的愚昧,主张做一个觉悟的人,自己把握自己的命运。一个人所有的努力,实际上都是在创造自己的人生。你如何对待世界,如何对待别人,你就会有怎么样的生活。正因为如此,一个人正直、慈悲、善良、诚恳、积极,无非是在对自己的人生负责任。这样说绝非自私,而是在觉悟世界规则之上的一种醒悟,这个过程就是自利利人，自度度他。

限于篇幅，本文不能对《楞严经》做出面面俱到的解释。如果大家真正通读这部经，就会发现，《楞严经》是学佛人修行的一面镜子和坐标。学佛的人，不仅可以从中知道学佛到底是学什么，修行到底怎么样修行，一个人修行到什么程度，其标准是什么，怎么样才知道自己是修行出了问题，如果修行出了问题究竟如何对治，等等，《楞严经》都有很好的说明。《楞严经》的内容，充分证明了这样一句古话：不读《楞严》，不知佛之大智；不读《法华》，不知佛之慈悲；不读《华严》，不知佛之富贵。《楞严经》讲述了一个人如何修行、如何发现自己的心性秘密，体现了佛的大智慧；《法华经》开篇明义指出"佛因一大事因缘现于世"，那就是佛要把自己成佛的智慧告诉众生，并希望众生都可以成佛，充分体现了佛对众生的慈悲；《华严经》讲述了华严世界的庄严华贵，让人叹为观止，体现了佛学的博大精深。

通过上面的简单介绍，我们可以发现《楞严经》已经对佛学的整个思想和修学体系都做了非常深刻全面的阐释。作为一个中国人，很少有人没有听到过佛学，但极少有人知道佛学的真意。究竟佛学讲了些什么？所谓学佛是学什么？我们为什么不是佛？所谓成佛是怎么样成佛？等等问题，都在困扰大家。《楞严经》对此都做了回答。在这部佛经中，佛陀不仅指出了凡夫和觉悟者的区别在什么地方，而且也指出了如何通过证悟常住真心而从一个凡夫修证成觉悟者。对于什么才是常住真心，如何引导人们修证常住真心，佛陀都不厌其烦，谆谆教导，从中可见一个真正觉悟者对众生的那份无缘大慈和同体大悲。可以这样说，《楞严经》是学佛者修行的指南，是佛学修证的整个理论基础。

当前，很多人在根本不理解佛学讲了些什么的情况下，要么偏激地把佛学斥之为迷信，要么盲目地崇拜与狂热地迷信，这些都不是对待佛学的正确态度。不仅是对于佛学，对于人类思想史上的任何一个文化形态，我们在不了解的时候，都不应该轻易地发表评价。近代学者梁启超曾经说佛学是大智慧，佛学强调的是正信。所谓正信，就是要把信仰建立在清晰的理论认知的基础上，而不是要人们放弃自己的思考而盲目崇拜。

我在这里想谈一下第一次阅读《楞严经》的感受。我初次阅读《楞严经》，大约在2007年春天，一次偶然的机会翻阅了南怀瑾先生著的《楞严大义今释》。我在此之前并没有多少佛学的知识基础，但在阅读之后，非常吃惊：在《楞严经》中，佛陀一步步引导阿难领悟什么是生灭幻象，什么才是常住真心，而且有铁一样的逻辑。这种论证过程，可以说在人类的哲学史上都有着无可挑剔的严密逻辑。由于我是学习哲学出身的，心中对于这种非常严密的论证十分叹服，开始改变对佛学的看法：我们不能简单地把佛学当作宗教或者迷信。通过阅读《楞严经》，我也深化了这样的一种认识：对待世界上任何一种思想体系，在不了解的时候，或者还没有深入理解的时候，切记不要轻率地作出结论。道理很简单，在不十分了解某个思想体系的情况下做出的结论，第一是经不起事实的检验，第二也是对文化的不负责任。因此，在学术研究上，一个人一定尽可能摆脱偏见，尽可能做到实事求是，尽可能做到在充分认知的基础上做出评价和判断。一个真正的学者，在态度上应该求真和公正，不应该抱有偏见；在道义上，有责任把人类创造的真正大智慧传递下去，这是一个文化研究者的天职。

《楞严经》实际上也是对释迦牟尼佛菩提树下悟道的一个详解。释迦牟尼说：众生皆有如来智慧德相，只因为颠倒妄想而不能亲证。那么，在《楞严经》中，阿难被幻象所迷，就是沉陷于颠倒妄想的典型例证；而佛陀强调的常住真心，就是一个人在摆脱了颠倒妄想之后的真实状态，也就是真正觉悟的状态。当然，摆脱颠倒妄想的过程是一个不断深化的过程，所以，人们在觉悟的路上也有着层次的不同。在《华严经》中，释迦牟尼佛又把觉悟的道路分为多个阶段，每一阶段的状态是什么样子，释迦牟尼佛都有很清晰的说明。在《楞严经》中，释迦牟尼佛不仅指出了常住真心的问题，而且通过一些修成的大菩萨之口，讲述了如何修证常住真心的方法。在佛教中，"菩萨"的本意是觉有情，佛教把这些慈悲众生、自觉觉他、自度度人的修行者和觉悟者，称之为"菩萨"。《楞严经》不仅介绍了修学的方法和路径，还对这一过程中容易出现的各种问题做出了描述和纠正。正是因为这一点，《楞严经》可以说是佛学的一面镜子。在这面镜子前，我们不仅可以知道什么是佛学，还可以知道什么不是佛学，针对在修行过程中出现的各种问题，其表现是什么，原因是什么，如何对治等等，《楞严经》都有很好的说明。有兴趣的朋友们，可以自己阅读。正因为如此，释迦牟尼佛曾经告诉他的学生：将来佛学衰落的时候，《楞严经》会首先遭遇诽谤和侮辱，其原因就在于《楞严经》在某种程度上是一个"照妖镜"，把那些打着修行的旗号而胡作非为的人，照得无处可逃。

在整个佛学体系中，每一部佛经都有独特的价值，都有不可替代的作用。对于佛经的多种多样，佛陀曾经说：人有万万心，佛说万万法。也就是说，真理是同一个，但是人们有不同的状态。针对众生不同的状态，如何引导他们走向觉悟也会不同。正因为如此，佛陀在不同的场合、针对不同状态的众生，有不同的说法。佛教的这种智慧，与孔子的因材施教有共同之处。当今中国佛教协会咨议会主席惟贤长老，在谈到自己阅读佛经的体会时，曾经说自己在没有阅读《大般若经》的时候，会对佛经产生疑惑:佛经一会儿说无,一会儿说有,一个地方说空,另一个地方又说常住真心,这仿佛有很多矛盾。等真正阅读《大般若经》之后,豁然开朗,才发现并非不同的佛经有什么矛盾,而是自己的智慧不够,还没有做到真正融会贯通。佛经所揭示的智慧,是圆融无碍的智慧,一个人之所以不能理解,只因为自己的心中有障碍,还没有能够真正做到圆融无碍。佛经有的时候为了破除人们的执着,不断地强调空,强调要破除各种对"相"的执着,这就是《金刚经》的重点。但是佛经讲空,并非什么都没有,否则就是顽空。如果一个人执着于顽空,那么,山河日月怎么解释? 佛教强调空的时候,是要告诉我们还有一个"真空妙有"的境界。因此,在《涅槃经》中,释迦牟尼佛又指出了一个"常乐我净"的状态。《金刚经》讲空,《涅槃经》讲常乐我净,这看似矛盾,其实一点也不矛盾。所谓的"真",是在破除妄之后才能显"真";而所谓的"真",也不是一个固定的东西,而是一种彻底觉悟的状态。正是这个"真",可以生出妙有。大千世界,哪个不是真空生出的妙有? 实际上,叫"真"也不过是对他的称呼。佛陀千说万说,都是希望人们能够认识人生和宇宙的真实,从颠倒妄想中走向真正的觉悟。而这种觉悟,是对人生和宇宙究竟的彻彻底底的觉悟,也是真正拥有大智慧之后的状态。这种状态,完全破除了颠倒妄想,破除了各种束缚和执着,真正实现了彻彻底底的自由。

所以我们会发现,真正觉悟的人非常潇洒,是一个不被世间万象迷惑的智者。当芸芸众生在名缰利锁中苦苦挣扎的时候,对彻底的觉悟者而言,这些恐怕连浮云都谈不上。佛学常说的六个字——看破、放下、自在,看似简单,实际上包含着人生的大智慧。一个没有大智慧的人,根本谈不上什么看破,对世界的真真假假,不知道什么是真实、什么是浮云,把不该追求的当作值得追求的,身心疲惫,实则庸人自扰。只有看破的人,才能够放下。只有看破的人,才知道珍惜什么,放弃什么。一个懂得放下的人,一个真正拥有智慧看世界的人,才会自在。这里的自在,实际上是自己让自己存在,真正通达生命的意义,而不是自己不能做自己的主人。当一个人被名缰利锁束缚,被各种贪心欲望绑架,做了贪心的俘虏,哪里有什么自在可言? 这种人,在各种欲望的追逐中不能自拔,疲于应付,身心疲惫,还有什么自在?

3.行解相应——佛学之内在要求

佛教实际上体现的是佛陀对世界和人生的一种观察和体悟,是知和行的有机统一,是行和解的相应。从知的角度看,佛教看到世界的万事万物无非缘起,无非是条件具备就会发生,条件不具备就不会发生;任何事物,都必然经历一个"成、住、坏、空"的过程,佛教称之为"无常"。对于世界背后的秘密,佛教指出"万法唯心",一个人的心是什么状态,他的人生和世界就呈现为什么状态。但是这种"唯心",不是我们哲学上的唯心,而是说一个人的觉悟程度如何,他的世界就会如何;此之谓心生则法生,心净则国土净,心安则国土安。人生的秘密就在心法,当一个人对生命体悟得越深刻,越感觉到心法的道理。出世间的修行,其修行的秘密就在于要修一颗无我利他的心;世间的事业,也必须心无旁骛,专心致志,才能有所成就,这都是心法。从行的角度看,我们知道了世界的缘起状态,就要懂得放下执着,真正按照圣贤的智慧去做。只有真正做到了圣贤境界,才能真正体会到圣贤的智慧。人一生最容易犯的毛病就是执着,就是放不下。所谓名利、荣华、地位等等,无非是机缘和合的时候给了自己机会,无非是曾经的"因"在今天显现的"果",当机缘逝去的时候,这些东西也会自然逝去。很多人把曾经拥有的东西视为永恒,当不得不失去的时候，要么希望拼命地抓住，要么内心不愿意承认失去，从而心中充满痛苦和挣扎。所谓"滚滚长江东逝水，浪花淘尽英雄"，这是一个智者对世界的观察。弘一大师（李叔同）在少年时曾经吟诵《金刚经》的一个偈子："一切有为法，如梦幻泡影，如露亦如电，应作如是观。"正因为李叔同有这样的认识，等机缘和合的时候，他自然会看破红尘，走向觉悟常住真心的旅程。而那些把万丈红尘视为毕生追求的人，一旦红尘梦破，自然会痛苦万分。多少人把眼前机缘和合才能发生的事当作永恒的东西，心中放不下的纠结和挣扎，只能是庸人自扰。面对世界万物与人心的关系，佛教建立在"万法唯心"的基础之上，强调真正的觉悟是人们内心的觉悟。这种觉悟，就是佛陀在《楞严经》里讲授的要觉悟"常住真心"。佛教认为，整个世界和人生的秘密，都在觉悟"真心"之中。这种觉悟的状态，不仅是单纯的理论认知，而且是一个人身心达到的境界，是解和行的统一。

一个人在理论上可以夸夸其谈，但在真正的佛学觉悟上，未必有真正的功夫。中华文化所强调的境界，不是夸夸其谈，而是真正行到那个程度才能呈现，是知行合一的状态。对于此，近代佛学大德虚云与戒尘法师的一段经历很能说明。戒尘法师非常擅长讲经，听说虚云老和尚在高旻寺参破生死，便到终南山找老和尚辩论禅宗所谓公案。《虚云和尚全集》记载了他们交往的故事。老和尚对他说：你对佛经讲得很好，但这不过是圣贤的牙慧，并不代表自己在生死上作了主，咱们俩坐坐看吧。于是他们两人就在茅棚里打坐。老和尚一坐，就是七日七夜，如如不动。而戒尘法师只坐了半天，双腿已经痛得不得了，心里的妄想更是烦躁不安。戒尘法师每天都绕着老和尚走几圈，好不容易才等到第七天，老和尚终于出定了。他问老和尚：您在定中，是有觉知，还是没有觉知呢？若是有觉知的话,就不名为入定;如果没有觉知的话,那岂不是枯定,不就是所谓的死水不藏龙吗？老和尚说:要知道禅宗这一法,原不以定为究竟,只求明心见性。若是真疑现前,其心自然清净。由于疑情不断,所以不是无知;也因没有妄想,所以不是有知。虽然没有妄想之知,但就是一根针掉在地上,也能听得清清楚楚;你每天绕着我走几圈,我都知道,只因疑情之力,不起分别而已。虽然不起分别,因为有疑情在,功用不断,所以不是枯定。虽然不是枯定,这亦只不过是功用路途中事,并非就是究竟的。所以过去这七天,我只是觉得好像一弹指间就过去了。如果我一生分别心,便会出定了。参禅办道的人,必须将此疑情,疑至极处,一旦因缘时至,打破疑团,摸着自家鼻孔,才是真正的道契无生啊！自此以后,戒尘法师就一直跟随着老和尚,对他老人家非常信服和尊敬了。上面讲的故事,在虚云全集中都有记载,我们也可以看出佛教所赞赏的知行合一的特点。一个真正的学佛者,不仅是在理论上懂一些道理,更重要的是身心一致,能够达到证悟的状态,只有如此,一个人才真正受用佛教的智慧。孔子也曾经说:"巧言令色,鲜矣仁。"孔子的用意也在于强调真正的修为是理解和行动结合起来,而不是口若悬河并无实际的受用。

4.自利利他——不渡众生,无以成佛

在一般人看来,所谓的成佛,是个人的事,但实际上任何一个人的觉悟,都离不开众生。在《华严经》中,有一篇《普贤菩萨行愿品》,其中讲道:

> 菩萨如是平等饶益一切众生。何以故？菩萨若能随顺众生,则为随顺供养诸佛。若于众生尊重承事,则为尊重承事如来。若令众生生欢喜者,则令一切如来欢喜。何以故？诸佛如来以大悲心而为

体故。因于众生，而起大悲；因于大悲，生菩提心；因菩提心，成等正觉。譬如旷野砂碛之中，有大树王，若根得水，枝叶华果悉皆繁茂。生死旷野菩提树王，亦复如是。一切众生而为树根，诸佛菩萨而为华果，以大悲水饶益众生，则能成就诸佛菩萨智慧华果。何以故？若诸菩萨以大悲水饶益众生，则能成就阿耨多罗三藐三菩提故。是故菩提属于众生。若无众生，一切菩萨终不能成无上正觉。

　　普贤菩萨是整个佛教中代表着践行的大菩萨。佛学的智慧不在于空谈，而在于真正踏踏实实地去做，普贤菩萨就是杰出的代表，据说道场在峨眉山。文殊菩萨是大智慧的代表，据说道场在五台山。观世音菩萨是大慈大悲的代表，据说道场在普陀山。地藏王菩萨是大愿的代表，据说道场在九华山。在普贤菩萨的话中，我们可以领会佛学的真精神与无比博大的情怀。对于真正学佛的人，最关心的大概就是如何真正成佛了，普贤菩萨告诉我们：世界上所有的佛菩萨，或者说真正的觉悟者，他们好比是大树的华果，而众生则是大树的根叶。我们不禁要问这棵大树怎么样才能结出佛菩萨的华果呢？普贤菩萨说世界上所有成为佛菩萨的人，无不是以大悲水饶益众生，这就好比是用清凉的水浇灌大树的根叶。大家想，好好地呵护大树，用水经常浇灌根叶，才能枝繁叶茂，才能结出丰硕的果实，开出美丽的花朵，这些果实和花朵，就是佛菩萨，就是觉悟者。在这里，普贤菩萨实际上指出了一个人如何成佛的秘密，那就是在为众生服务的过程中，实现自我的净化和升华，服务众生的过程，就是自己走向觉悟的过程，这样就把利他和自利有机地结合在一起。

　　如果我们追问：为什么普贤菩萨说只有以大悲水饶益众生，才能成就诸佛菩萨智慧华果呢？为什么说菩提属于众生，若无众生，一切菩萨终不能成无上正觉呢？这是因为我们作为平凡的人，心性上总是有着各种各样的弱点，超越人性的弱点，道心超越人心的过程，就是成为佛菩萨的过程。那么，如何才能逐渐克服人性的弱点呢？不是靠空说，而是靠真正的践行。一个人只有在实际的生活中，放下自己的小利益、小算计，真诚地为人民服务、为大众谋利益，这样才能不断地净化心灵，实现人性的超越。这与王阳明所说的修炼心性要在"事上磨炼"有着相通之处。一个人的完善和升华，就来自忘我的奉献，而不是夸夸其谈。由此观之，如果一个人真正学佛，真正领会了佛学的意旨，一定会把全心全意为人民服务自觉地当作人生理想，终生践行，在为大众服务的过程中完善自己、升华自己。所以，普贤菩萨庄严地宣告："菩萨如是随顺众生，虚空界尽，众生界尽，众生业尽，众生烦恼尽，我此随顺无有穷尽。念念相续，无有间断，身语意业，无有疲厌。"可以说，这也是所有大菩萨的成就之路。从这个意义上说，我们要大力弘扬佛学的精神，以提升我们整个民族的精神境界，端正社会的价值导向。

（二）从惠能看中国佛学的特点

如果我们整体梳理中国佛教的历史，会发现：禅宗在中国的发展，能够很好地体现佛学与中华文化的融合，解读禅宗，可以更好地理解中国佛学的智慧和特色。从思想内涵上看，禅宗的实质没有一丝偏离佛学的真意；但同时，禅宗的某些主张又能够契合中华文化的意蕴，适应了中国国情，可以说是佛学与中华文化结合完美的一个经典案例。直到今天，每当我们在谈起禅宗的时候，总觉得禅宗本就是中华文化的一部分，那种印度佛学的痕迹已在文化的交融中慢慢淡化和消融。

在整个中国禅宗的发展过程中,惠能大师是最闪亮的一位大师。虽然在禅宗的历史上,每一位祖师都有伟大的意义,但禅宗在惠能大师那里改变了几位大师之间传人很少的情况,绍隆佛种,人才济济,让禅宗成为蔚为大观的佛学宗派。正由于惠能大师的贡献和智慧,记录他修持见解的《六祖坛经》也成为唯一一本中国人创作的被称作"经"的佛教著作。自惠能大师之后,禅宗人才辈出,异彩纷呈,各用手眼,各家学说争相绽放,形成禅宗的五家七派,对中华文化和佛学的发展影响深远。因此,我们以惠能大师的思想为例,通过对惠能大师佛学思想的梳理和阐释,来深化人们对中国佛学思想的理解。可以说惠能大师的著作《六祖坛经》,是我们理解中国佛学的一个窗口。

1. 从惠能和神秀的两首偈子说起

所谓"偈子",用通俗的话说就是学佛的修行人写出的诗,以表达自身对佛学的领悟。在《自序品》中,惠能记述了五祖弘忍大师在决定传法时,惠能和神秀所写出的各自对佛学理解程度的偈子。其中首座和尚神秀法师这样写道:

> 身是菩提树,心如明镜台。时时勤拂拭,勿使惹尘埃。

而惠能知道弘忍大师通过写偈子以选择接班人的消息后,决定也写出自己的心得体会:

> 菩提本无树,明镜亦非台。本来无一物,何处惹尘埃。

这两首偈子在中国读书人中间,可谓广为流传。很多人都会背诵。那么我们要问:这两首偈子究竟表达了两个人什么样的佛学成就? 先看第一首:"身是菩提树,心如明镜台。时时勤拂拭,勿使惹尘埃。"神秀的这首诗,可以看出他为了维护自身的清净,每时每刻都在观察自己的心念,每时每刻都在防止外在的诱惑污染了自己清净的本性。这说明什么? 说明神秀心中还需要时时提醒自己,时时要防止心性的污染。而惠能的偈子:"菩提本无树,明镜亦非台。本来无一物,何处惹尘埃。"则说明一个彻悟了的人,本性自然清净。既然本来清净,那有什么污染可言呢? 对于这种境界,我们可以用一个故事来说明:日本明治时期有一个坦山和尚,是日本曹洞宗的佛学领袖,白天带师弟下山化缘,晚上回山,路过一条大河。由于天降大雨,一个姑娘无法过河,夜幕降临,害怕得大哭。坦山看到后二话不说,立即把姑娘背过河去,并送姑娘回家。在回山的路上,师弟心中非常疑惑:师父和师兄经常告诫我们要警惕女色,更不能亲近女色。但为什么师兄在看到女人后毫不顾忌? 师弟心中的纠结被师兄发现了,于是问道:师弟何事忐忑? 师弟就把刚才的疑惑告诉师兄。师兄听后,哈哈大笑:我背上的女人早已经放下,师弟心中的女人还念念不忘。这个故事,实际上解释了师兄和师弟的两种境界:一个心中清净,无我相,无男女相,哪有什么男人女人之类的分别妄想? 对于这种境界的,背个女人与背袋大米是一样的;而小师弟看起来没有亲近女人,但是他心中还有一些污染在,所以要不断地告诫自己:不要亲近,不要污染。恰恰是这种对自己的告诫,才证明了自己心性之中还有污染在,还需要不断地勤拂拭。

由此可知,首座神秀的偈子,虽然很精进,但是那种时时要警惕自己的状态,恰恰体现了他的修行境界。而惠能的偈子则表现了对于一个实现了无我相、无众生相、无寿者相的觉悟者而言,哪里还有什么葛藤可言,因为这种觉悟者已经去掉污染,本来清净,自然不需要什么带着"莫使惹尘埃"的提防之心。从这个意义上,神秀的偈子在对佛性的理解上确实不如惠能理解得彻底,这也是弘忍大师将衣钵传给惠能的重要原因。当然,首座神秀也是了不起的高僧大德,从我们普通人的角度看,大家心里面杂杂乱乱,神秀大师所倡导的"时时勤拂拭"具有重要意义,我们绝不可轻视。而且惠能大师的偈子,多少有些过于强调"空",也有不圆满的成分在。一个真正觉悟者的状态,不是顽空,更不是执有,非空非有,即空即有,所以称为"不二法门"。我们通过这种比较,不过是为了说明问题而已,不能简单地说谁高谁低,关键是因材施教。

2. 初试锋芒与禅宗的秘密

在《行由品》中,惠能还讲述了他接受衣钵之后,首次给惠明和尚讲法的经历。这次讲法是惠能领受衣钵之后的初露锋芒,也是我们理解禅宗大意的重要公案。

据记载,惠能接受衣钵后,辞别弘忍,直奔岭南。大约过了两个月左右的时间,惠能来到大庾岭,这个时候,很多人追赶惠能,准备夺取衣钵:

> 一僧俗姓陈,名惠明。先是四品将军,性行粗糙,极意参寻。为众人先,趁及惠能。惠能掷下衣钵于石上,曰:"此衣表信,可力争耶?"能隐草莽中。惠明至,提掇不动,乃唤云:"行者行者!我为法来,不为衣来。"惠能遂出,坐盘石上。惠明作礼云:"望行者为我说法。"惠能曰:"汝既为法而来,可屏息诸缘,勿生一念,吾为汝说。"
>
> 明良久,惠能曰:"不思善,不思恶,正与么时,那个是明上座本

来面目？"

惠明言下大悟。复问云："上来密语密意外，还更有密意否？"惠能云："与汝说者，即非密也。汝若返照，密在汝边。"明日："惠明虽在黄梅，实未省自己面目。今蒙指示，如人饮水，冷暖自知。今行者即惠明师也。"惠能曰："汝若如是，吾与汝同师黄梅，善自护持。"

这个故事，既是禅宗历史上著名的公案，也是我们理解中国禅宗的一个窗口。很多人都喜欢谈论禅宗，甚至把一些语言的稀奇古怪当作禅宗的机锋，这是很可笑的事情。禅宗的实质，不是卖弄语言，而是千军万马中直取敌军元帅首级的大智和敏利。何谓成佛？到底在哪里成佛？这是一个学佛者必须搞清楚的重要问题。佛法最根本的在于智慧，而不是单纯的外在崇拜。对于这个问题，释迦牟尼在《楞严经》中已经做出了清楚的说明。也就是说，万法的根源都在心性，世界的秘密也是在心性之中，一个人不要追逐在心性之中发出的各种念头，这些念头不过是梦幻泡影，转瞬即逝。一个真正有智慧的人，一定要排除干扰，直接领悟万法的源头，这就是惠能告诉惠明的秘密：不思恶，不思善。这个时候，心性空寂，惠能却让惠明观照内心：这个时候，惠明是谁？就这样一问，惠明要反观这个不思恶、不思善的地方，有什么秘密？这个地方不就是万法的源头和心性的本来面目吗？所以，所谓的禅宗机锋，根本不是什么故作玄虚，更不是卖弄词语，而是根据一个人的不同状态，提出的解决问题的不同办法；其目的就是指向万法的源头、心性的本来面目，引导受教者直奔主题，而不是迷失本来。所以，禅宗经常有一个比喻：狮子扑人，狗咬骨头。这句话的意思是：真正的明白人，就会直接抓住问题的实质，直接领会心性的本来是什么。心性的本来，也就是宇宙和人生的秘密。

而普通人则是追随心性发出的各种念头，结果追来追去，梦幻泡影，最终不得门而入。

所以，一个真正有智慧的人，他对人生和宇宙的观察，就会和我们普通人不一样。惠能接受衣钵之后，并没有条件立即弘扬佛法，而是继续修持自身，以待时机。《六祖坛经·行由品》还有一段公案，对于我们理解禅宗的智慧很有帮助。

惠能后至曹溪，又被恶人寻逐。乃于四会，避难猎人队中，凡经一十五载，时与猎人随宜说法。猎人常令守网，每见生命，尽放之。每至饭时，以菜寄煮肉锅，或问，则对曰："但吃肉边菜。"

一日思惟，时当弘法，不可终遁。遂出，至广州法性寺，值印宗法师讲《涅槃经》。时有风吹幡动，一僧曰："风动。"一僧曰："幡动。"议论不已。

惠能进曰："不是风动，不是幡动，仁者心动。"

一众骇然。印宗延至上席，征诘奥义，见惠能言简理当，不由文字。宗云："行者定非常人，久闻黄梅衣法南来，莫是行者否？"

惠能曰："不敢！"

惠能从弘忍大师处得法，在猎人队中经十五年的历练，终于觉得到了现出家相以报佛恩的时候了。于是，到广州法兴寺听经，碰到了两个小和尚的天真之辩。惠能一旦在场，便现狮子吼，对小和尚之间争论的一番断定，在中国禅宗史上又留下了一个千古公案。

所谓风动幡动，吹迷了世间多少糊涂人。惠能慧眼独具，对于两个小和尚的争论，一下子说到问题的实处，那就是：风动也好，幡动也好，如果一个人内心不起分别，制心一处，与你何干？虽然风动和幡动是一个客观存在，但两个小和尚之所以就风动和幡动发生争论的主因，不是因为风动幡动这件事，而是在于两个小和尚的心思根本不在听经上，妄心动了走神而已。如果小和尚心神凝于一处，专心致志、心无旁骛听印宗法师讲经，哪里有什么风动和幡动的区别？所谓风动、幡动，无非是两个小和尚心动罢了。不然，同样的风动、幡动，同时在场的那么多人，为什么其他人没有讨论这件事？很显然，其根本原因在两个小和尚"心动"而已。所以，当我们很多人抱怨外部世界影响自己的时候，其实我们才是自己的主人，所谓外部的影响，是因为自己定力不够而导致的自我焦虑。正所谓人不附物，物岂碍人？

曾有一个故事，也很能说明这个问题。传言清代有个文人蒋坦，他和妻子在自家院子里种了一些芭蕉，美化环境，绿意盎然，增添许多生机。有一天晚上，细雨沥沥，蒋坦听见雨打芭蕉的声音，心绪烦扰，于是第二天起床后就在花园的芭蕉叶子上写了一句话："是谁多事种芭蕉？早也潇潇，晚也潇潇。"他的妻子看到后，哑然失笑，于是接着写了这样的话："是君心绪太无聊，种了芭蕉，又怨芭蕉。"他的妻子可谓知人甚深，所谓"早也潇潇，晚也潇潇"，有人听了雨打芭蕉是浪漫心境，有人听了心绪烦扰，究竟芭蕉何错？不过是听者的心绪无聊罢了。惠能对风动、幡动问题的认识可谓是直射根源，落到实处，指出小和尚争论风动、幡动这件事的实质是小和尚妄心飞动走神而引起的争论。可惜无数缺少眼力的人，却认为不可理喻。当今很多不懂公案的人，甚至将其称为"主观唯心主义"，其实是对惠能智慧的误解。所以，做人做学问，都要尊重事实，了解其中真意，如果不求甚解而盲目评价，不仅会贻笑大方，更会贻害文化，误导很多人在根本不明白智者意思的时候就妄下结论，不得不谨慎。

3.六祖的要旨

那么,我们要问:六祖惠能所讲的禅法,究竟怎样接引修行者? 对此,惠能认为:

> 善知识! 我于忍和尚处,一闻言下便悟,顿见真如本性。是以将此教法流行,令学道者顿悟菩提,各自观心,自见本性。若自不悟,需觅大善知识,解最上乘法者,直示正路。是善知识有大因缘,所谓"化导令得见性",一切善法因善知识能发起故。三世诸佛、十二部经,在人性中本自具有;不能自悟,须求善知识指示方见。若自悟者,不假外求;若一向执谓须他善知识望得解脱者,无有是处。何以故? 自心内有知识自悟。若起邪迷,妄念颠倒,外善知识虽有教授,救不可得。若起正真般若观照,一刹那间,妄念俱灭。若识自性,一悟即至佛地。(《六祖坛经·般若品》)

惠能在这里说得很清楚,人人皆有悟性,或者称之为觉性,或者佛性。这种觉悟能力人人本具,不假外成。所以,佛法所讲的觉悟,实际上是一个人自身的觉悟,所谓的外在指导或者帮助,都不过是助力。一方面,惠能认为学佛,"须求善知识指示方见",这是说学佛需要老师,需要真正的大德指导;同时,"若一向执谓须他善知识望得解脱者,无有是处",这是说一个人真正的觉悟,一定是自我觉悟,而不是依靠别人。惠能大师的这种说法,完全符合佛陀的教法:人人本具智慧,只因为"妄念颠倒"而不能"般若观照"。

如果我们继续追问，禅宗与佛陀一样，都是在引导人们走出颠倒妄想，证悟常住真心，那么，一个人如何才能体悟自己的自性呢？这个问题，是整个佛教的根本问题。所谓成佛，是在哪里成佛？佛为何是佛？我等为何不是佛？我等从不是佛又如何成为佛？对此，学佛之人必须做出回答。佛法并不主张人们盲目迷信和狂热崇拜，而是引导人们在明理的基础上更好地把握自己的命运。对此，惠能很慈悲地告诉众人：

> 善知识！智慧观照，内外明彻，识自本心。若识本心，即本解脱。若得解脱，即是般若三昧，即是无念。何名无念？若见一切法，心不染著，即是无念。用即遍一切处，亦不著一切处；但净本心，使六识出六门，于六尘中无染无杂，来去自由，通用无滞，即是般若三昧，自在解脱，名无念行。若百物不思，当令念绝；即是法缚，即名边见。善知识！悟无念法者，万法尽通；悟无念法者，见诸佛境界；悟无念法者，至佛地位。善知识！后代得吾法者，将此顿教法门，于同见同行，发愿受持，如事佛故，终身而不退者，定入圣位。（《六祖坛经·般若品》）

所谓的成佛，就是用智慧照破心性的迷染，觉悟本心，此之谓解脱；就是无论人生遇到什么外缘和诱惑，都能不失本心，都不被扰动，此之谓不起妄念；真正的觉悟既不是不起念头，更不是被外界的环境诱惑，而是念念无滞，自在无碍。

在《六祖坛经》中，惠能在多处讲述了禅宗的要旨和秘密。比如，对于立地成佛，还是渐修成佛，惠能回答：

善知识！本来正教无有顿渐，人性自有利钝。迷人渐修，悟人顿契；自识本心，自见本性，即无差别，所以立顿渐之假名。(《定慧品》)

惠能的回答，是对人们关于顿悟与渐悟认知的拨乱反正。有些人认为渐修并不究竟，只有顿悟才是佛法。而有的人则认为凡修佛者，必须走渐修之路，所谓的顿悟，不过是欺人之谈。惠能则告诉我们，什么顿和渐，不过是因人而异。有的人已经修到了一定程度，一旦有了机缘加以点拨，就可以洞然明白，对于此种人，则适合于顿悟。对于那些没有基础的人，只有在渐修的基础上，准备资粮，以等待觉悟的时机。顿悟建立在渐修的基础上，渐修的过程中，一旦到了某一个关节点，就会恍然大悟。

在《六祖坛经》中，惠能大师对于禅法的宗旨，做出了集中概括：

善知识！我此法门，从上以业，先立无念为宗，无相为体，无住为本。无相者，于相而离相；无念者，于念而无念；无住者，人之本性。于世间善恶好丑，乃至冤之与亲，言语触刺欺争之时，并将为空，不思酬害。念念之中，不思前境。若前念、今念、后念，念念相续不断，名为系缚。于诸法上，念念不住，即无缚也。此是以"无住"为本。

善知识！外离一切相，名为"无相"；能离于相，即法体清净。此是以"无相"为体。

善知识！于诸境上，心不染，曰"无念"；于自念上，常离诸境，不于境上生心。若只百物不思，念尽除却；一念绝即死，别处受生；是为大错。学道者思之！若不识法意，自错犹可，更劝他人；自迷不见，又谤佛经。所以立"无念"为宗。

善知识！云何立"无念"为宗？只缘口说见性迷人，于境上有念，念上便起邪见。一切尘劳妄想，从此而生。自性本无一法可得；若有所得，妄说祸福，即是尘劳邪见。故此法门立"无念"为宗。

善知识！无者，无何事？念者，念何物？无者，无二相，无诸尘劳之心。念者，念真如本性。真如即是念之体，念即是真如之用。真如自性起念，非眼耳鼻舌能念。真如有性，所以起念；真如若无，眼耳色声当时即坏。

善知识！真如自性起念，六根虽有见闻觉知，不染万境，而真性常自在。故经云："能善分别诸法相，于第一义而不动。"（《定慧品》）

惠能这里讲的"无念为宗，无相为体，无住为本"，是说一个真正的觉者，内在清清净净，既对世界万物了了觉知，洞然明白，又不被粘缚，是真正的洒脱和自在，是心灵真正的自主和智慧。这与佛陀在《楞严经》里讲授的如何证悟常住真心具有内在的一致。总之，所谓成佛，无非是恢复人人心中都有的清净自性，无非是解缚去粘。惠能曾经说：对于求法者，我未曾有一法予人。惠能所做的无非是对症下药、因机施教，把人们束缚在清净自性之上的各种执着去掉，引导人们证悟本来。对于这种证悟清净自性的体悟，惠能曾经讲述自己如何接受弘忍大师启迪而觉悟的一段经历：

三鼓入室。祖以袈裟遮围，不令人见，为说《金刚经》，至"应无所住而生其心"，惠能言下大悟，一切万法不离自性。遂启祖言："何期，自性本自清净；何期，自性本不生灭；何期，自性本自具足；何期，自性本无动摇；何期，自性能生万法。"（《行由品》）

在夜晚三更的时候，惠能去弘忍大师处学习佛法，为的就是不要让其他人感到嫉妒而心生烦恼。在听弘忍大师讲授《金刚经》时，惠能忽然有所悟：佛法所有的秘密，都在自己的心性里，佛法一切的教育，就在于引导我们觉悟自性。智慧涌现的时候，惠能马上说出了自己的体会：我们每个人的心性之中，都有清净的自性，这种自性涌现的智慧，清清净净，不生不灭，本来就有，所有人生、宇宙的秘密都是自性智慧升起的妙用。惠能在这里就把一个觉悟者的状态很好地描述出来，既有对智慧本体的感悟，也有对自性智慧妙用的心得。

惠能的这种感悟，实际上是把一个恢复了清净自性状态的觉悟者的感受说了出来。这个状态，用禅宗的话说就是"大机大用"，而不是僵化的保持一种什么清净的状态。那个状态，万法不立，做任何事情，随缘来去，心不迷染，自由洒脱。对于惠能的体会，弘忍大师予以印证说："不识本心，学法无益；若识自本心，见自本性，即名丈夫、天人师、佛。"（《行由品》）说来说去，学佛者，就是学习佛陀如何摆脱颠倒妄想状态，降伏其心，证悟人人本具的如来智慧德相。各位大德高僧，千教万教，莫不如此。

惠能所悟，即是佛陀的本怀。佛陀在《圆觉经》中，曾经有关于如何修行的很好概括。金刚藏菩萨曾经这样问佛陀："世尊！若诸众生本来成佛，何故复有一切无明？若诸无明，众生本有，何因缘故，如来复说，本来成佛？"对这个问题，佛陀曾经这样开示："如销金矿，金非销有，既已成金，不重为矿。经无穷时金性不坏。不应说言：本非成就。如来圆觉，亦复如是。"这一段话告诉我们，众生本具佛性，修行的过程就好比是冶炼真金（启迪佛性）的过程。真金（佛性）并非冶炼的时候才有，是这个矿石中本来就有，但是，也只有经过冶炼的过程才能把真金（佛性）呈现出来。一个带有杂质的金矿（佛性），一旦炼成了真金（成佛），就不会重新回到杂质（凡夫）的状态，那个状态就是清净自性的澄明，是如来智慧德相的显现。用惠能大师的话形容，就是：智慧观照，内外明彻，识自本心。若识本心，即本解脱。

4.从"何谓修行"看惠能佛学的中国特色

惠能大师的禅法属于佛学思想的组成部分，惠能大师的根本要旨也与佛陀无二。在学术上，曾有如来禅与祖师禅之间的区分。惠能也曾经做过解释，所谓祖师禅，是中国禅宗的大德们修证经验的总结。这种禅法，不是严格的讲求修行次第，而是直指人心，强调在明了万法的本源后，直接在根本处下手。而如来禅则是释迦如来强调的禅法，这种禅法与印度的文化息息相关，主张有次第的修行，一步步地深入，但在根本的方向上并无二致。但是，我们要问：佛学传到中国之后，势必会受到中华文化的影响，那么，在惠能大师的思想体系中，哪里可以看出中国固有文化的痕迹呢？

如果大家去了解印度和东南亚佛教，可以看出佛学在印度和东南亚有很强的出世特征。伟大的佛陀作为王子，都放下万缘，雪山苦修。但是，中国是一个有着浓厚宗法传统的国家，一味地强调出世，一味地强调出离家庭，不仅会受到中国社会环境的抵制，而且会遇到一个强调伦理和家庭责任的社会结构的阻力。因此，佛学在中国的传承中，开始逐渐渗透和融合了中华文化的因素。比如，曾经有一个刺使问惠能大师：弟子常见僧俗念阿弥陀佛，愿生西方；请和尚说，得生彼否？希望师父能为弟子破疑。在这里，需要给大家作出解释：中国的佛教宗派中，有一个净土宗，主张通过念佛实现觉悟，在念佛的过程中，得到佛的加持和接引，在自己生命结束的时候，往生到佛陀的净土。西方极乐世界就是阿弥陀佛的净土。应该说，这是佛教修行的一种法门。对这个问题，《六祖坛经》记述说：

师言："使君善听！惠能与说。世尊在舍卫城中，说西方引化经文，分明去此不远。若论相说里数，有十万八千，即身中十恶八邪，便是说远。说远为其下根，说近为其上智；人有两种，法无两般。迷悟有殊，见有迟疾。迷人念佛求生于彼，悟人自净其心，所以佛言：随其心净即佛土净。使君东方人，但心净即无罪；虽西方人，心不净亦有愆。东方人造罪，念佛求生西方；西方人造罪，念佛求生何国？凡愚不了自性，不识身中净土，愿东愿西；悟人在处一般。所以佛言："随所住处恒安乐。使君心地但无不善，西方去此不遥。若怀不善之心，念佛往生难到。今劝善知识，先除十恶，即行十万；后除八邪，乃过八千；念念见性，常行平直，到如弹指，便睹弥陀。使君但行十善，何须更愿往生？不断十恶之心，何佛即来迎请？若悟无生顿法，见西方只在刹那；不悟，念佛求生，路遥如何得达？惠能与诸人移西方于刹那间目前便见，各愿见否？"

众皆顶礼云："若此处见，何须更愿往生？愿和尚慈悲，便现西方，普令得见。"

师言："大众！世人自色身是城，眼耳鼻舌是门。外有五门，内有意门。心是地，性是王。王居心地上。性在王在，性去王无。性在身心存，性去身心坏。佛向性中作，莫向身外求。自性迷即是众生，自性觉即是佛。慈悲即是观音，喜舍名为势至。能净即释迦，平直即弥陀。人我是须弥，邪心是海水，烦恼是波浪，毒害是恶龙，虚妄是鬼神,尘劳是鱼鳖,贪嗔是地狱,愚痴是畜生。善知识!常行十善,天堂便至;除人我,须弥倒;去邪心,海水竭;烦恼无,波浪灭;毒害忘,鱼龙绝。自心地上觉性如来,放大光明,外照六门,清净能破六欲诸天。自性内照,三毒即除;地狱等罪,一时消灭。内外明彻,不异西方。不作此修,如何到彼?"

大众闻说,了然凡性,悉皆礼拜,俱叹:"善哉!"唱言:"普愿法界众生,闻者一时悟解。"

师言:"善知识!若欲修行,在家亦得,不由在寺。在家能行,如东方人心善;在寺不修,如西方人心恶。但心清净,即是自性西方。"

韦公又问:"在家如何修行?愿为教授。"

师言:"吾与大众作无相颂,但依此修,常与吾同处无别。若不作此修,剃发出家,于道何益?颂曰:

心平何劳持戒?行直何用修禅。

恩则亲养父母,义则上下相怜。

让则尊卑和睦,忍则众恶无喧。

若能钻木出火,淤泥定生红莲。

苦口的是良药,逆耳必是忠言。

改过必生智慧,护短心内非贤。

日用常行饶益,成道非由施钱。

菩提只向心见,何劳向外求玄?

听说依此修行,天堂只在目前。"(《疑问品》)

在惠能大师看来,学佛最根本的是心性的修炼,简单一点就是修炼成一颗佛心,所有外在的形式都服务于心性的提升。一颗佛心,就是超越所有人性的弱点,无我利他,觉行圆满。大家阅读惠能大师上面说的话,就会发现:惠能的说法,总是直彻心源,毫无拖泥带水之处。他一再强调学佛要抓住根本,要彻悟自性的智慧,而不是在表象上下功夫。惠能的这种说法,处处可以得到《楞严经》的印证:万法"因心成体",所谓东方与西方,不过是人的心灵显现罢了。也就是说,一个人心灵处在什么状态,他的世界就呈现出什么状态。一个人成佛,从根本上说是心灵觉悟到内在的智慧而达到的一种彻悟状态。无论是在家出家,无论是修行哪一个法门,其实都是修一颗心,如果一个人把心修成了佛心,无我利他之心,必然成佛作祖;反之,如果只是重视形式,而没有在心地上注意修炼,最终也不会成就。曾经有一个人问修行的禅师:是否有极乐世界? 禅师回答:没有。他又问其他很有修行的师父,却回答:有。那么,我们怎么看待同一个问题的两个不同答案呢? 实际上,二者的回答并不矛盾。一个真正彻悟了世界和人生究竟的人,心是宇宙,一念三千,哪里还有什么东方西方之分? 但对于普通人而言,总是有所执着,感受到这个世界痛苦的时候,总希望有一个没有痛苦的世界。所以,所谓的极乐世界,是人修行的中转站,是走向彻底觉悟的一个增上缘。就如同一个人在问禅师:有无地狱? 禅师作答:没有。而问密宗的祖师:有无地狱?祖师作答:有。到底有没有地狱? 佛教认为万法心生,对于禅师而言,了生脱死,已经证悟不生不灭、不垢不净、不增不减的人生之本体,哪里还有什么地狱天堂之分? 但对于众生而言,心中放不下罪恶,自然会有天堂地狱。针对同一个问题,之所以答案不同,就在于"心"不同。

法无高下,因机设教,针对人的根器不同,要有不同的教育和接引方法。因此,有人说禅宗适合上上根器的人修行,不无道理。对于一般人,你让他放下种种利益、名誉甚至生死,根本就是不可能的事,对于这一部分人，就以极乐世界的美好作为引导人们领悟佛学真理的台阶。而对于一个能够放下万缘的人，就没必要绕弯子，而是要直照心源，彻悟本来。惠能就是这样的祖师，他告诫人们所谓的西方、东方之分，并不是究竟的佛法，而是权变的佛法，是接引人们修行的方便。一个人只有从自己的自性处努力，才是佛教的根本意。既然修行的秘密在心法，修行的根本在于心地上的修行，所以惠能并没有特别强调佛教出世间的特点，这一点不同于东南亚的佛教。正因为惠能大师能够从心地上着眼来探究如何修行的秘密，所以他能够超越与特定社会环境相联系的具体修学形式，而探究适合中国国情的弘法方式。

惠能的这一说教，坚持了佛学的根本教义，直奔根源，强调真学佛者，不过是发明心地，证悟自性，而非外求。因此，告诫追随他的弟子们，学佛不要只做表面功夫，不要认为学佛就是出家，学佛就是去当和尚，出家在家，皆可成就，要真正抓住根本，在佛陀智慧的引导下，去除颠倒妄想，证悟涅槃妙心。惠能大师对于出家学佛与在家学佛的评判，体现了明显的中国特色，与印度佛学较强的出世色彩相比，惠能大师并没有格外强调学佛一定要出家，而是认为学佛不是学其表象，而是学其根本，学习佛教的智慧，以佛教的智慧指导自己的人生。惠能大师的伟大还在于给人们的修行提供了切实可行的方法，学会奉献，学会倾听，学会忍辱，学会宽容，通过日常生活的修持，提升自己的智慧和境界。因此，一个真正学佛的人，无论是寺庙出家，还是在家修行，无论是做工人农民干部知识分子等，只要你领悟佛学要旨，并能身体力行，都可实现人生的觉悟，并不是一定要走出家的道路。而且，佛教认为的出家，不是形式上的穿出家人的衣服，住在寺庙；而是指"出烦恼之家"，是指一个人看破了世间纷扰的秘密，所以放下万缘，得到真正的自在。释迦牟尼在《维摩诘经》

里面，也清楚地告诉我们，所谓的出家并不是简单穿上僧衣去寺院，而是真正放下万缘，去追求生命的本来面目。由此我们可以看出，中国的佛学在坚持佛教本意的同时，结合中国独特文化环境和社会结构，也在做一些调整。后来，禅宗在百丈禅师的主持下，修正了印度佛学的乞食习惯，主张农禅并用，强调"一日不作，一日不食"。可以说，经过百丈禅师的改革，禅宗可以在精进修行的时候而自食其力，这对于禅宗的发展，意义巨大。后来，历史上佛教几次蒙难，皆因为百丈的清规而使得禅宗得以幸存。事实证明，一个给社会带来正面价值、自食其力的宗教，必然会得到社会的尊重和支持。

所以，任何一个文化形态，只有不断地与时俱进，不断做到与新时代相契合，才能永葆活力。否则，一个再有智慧的文化，不懂得回应时代挑战，最终也会被时代抛弃。这就是佛教强调的"契理契机"的智慧。近代以来，人们的主体精神被唤醒，平等自由民主等精神成为世界的一种潮流。同时，人们追逐所谓现代文明的时候，也暴露了一系列的内在冲突和生存困境。在这样的大环境里，如果佛教不能积极回应人类社会面临的问题和挑战，不能关注人们的现实生活，不能给现实的人以智慧的引导，佛教就难免被社会远离的命运。很简单的道理，一个文化形态的伟大，就在于不仅能深刻地阐释宇宙和人生的究竟，也能切实地回应人类生活的现实问题，给人们的现实生活以切实的帮助和指导。只有真正让人民受用的文化，才能得到人民的拥护，只有推动社会进步的文化，自身才会更加生机勃勃。由此观之，近代的太虚大师提出的"人生佛教"理念，主张佛教一定要回应现实社会的挑战，回应人们现实中遇到的实际问题，让人们生活得更美好，实际上是中国佛教对现代社会挑战的一种回应，体现了一个佛学宗师的远见和勇气，也符合惠能大师所说的佛教精神："佛法在世间，不离世间觉。"佛学的未来，一定要走进人民中间，真正解答和回应人民现实生活中遇到的各种问题，让人民受益，让聆听佛学智慧的人发展得更好、生活得更好，让我们的国家和社会更好，这是佛学发展最深厚的根源。

当然，佛教的与时俱进，也是坚持"变"与"不变"的统一。佛陀的那种对人生和宇宙体悟的大智慧，以及领悟这种智慧必须坚持的东西，是佛教的根本和精髓。但不同的时代，如何契理契机回应时代的挑战等一些具体的做法，可以与时俱进。1952年新中国成立佛教协会，曾有人主张和尚可以结婚，和尚也要世俗化，甚至认为和尚不必持戒，不必穿和尚的衣服。对此，近代佛家大德虚云曾经义正辞严地说：佛教发展的根本在于持戒，如果和尚都不守戒了，佛教的生命力就没有了。他甚至悲壮地说，如果别人非要坚持佛教世俗化，他要撞死以明志。可以说，虚云以自己的身家性命在为佛教续慧明。所以，面对日新月异的变化，哪些要变，哪些不可以变，考验着我们的智慧。

5.智慧总在文字外

在中国文化史上，惠能作为一个没有真正受过世俗教育的人，几乎不怎么认字，却成了中国佛学的一代宗师，这不是中国文化史上的奇迹吗？探究其原因，对于我们领悟文化问题，大有裨益。据《六祖坛经·机缘品》记载：

> 师自黄梅得法，回至韶州曹侯村，人无知者。时有儒士刘志略，礼遇甚厚。志略有姑为尼，名无尽藏，常诵《大涅槃经》。师暂听即知妙义，遂为解说。尼乃执卷问字。师曰："字即不识，义即请问。"

尼曰："字尚不识，焉能会义？"师曰："诸佛妙理，非关文字。"尼惊异之，遍告里中耆德云："此是有道之士，宜请供养。"

惠能从黄梅东山寺学法回到广东韶州曹侯村，没有人知道惠能的真正身份。当时有一个儒家的学者刘志略，领略了惠能的大智慧，非常仰慕。刘志略有一个姑姑，出家为尼，法名叫无尽藏，经常诵读《大涅槃经》。惠能大师虽然不怎么识字，但听她读诵后，立刻领会了《大涅槃经》的主旨大意，于是就给无尽藏尼师讲佛经的大意。当尼师问惠能大师具体哪一个字怎么解释的时候，惠能大师告诉她：我并不识字，但我懂得文字背后佛陀要说的智慧是什么。这个时候，尼师非常惊讶：你连文字都不认识，怎么可能明白佛经的智慧呢？惠能告诉她：佛陀所宣示的真理和智慧，并不是文字所能概括的。于是尼师非常赞叹，告诉了村里德行高尚的人，希望能够好好地供养惠能大师。

那么，我们不禁要问：惠能为什么说"诸佛妙理，非关文字"呢？禅宗曾把成佛的智慧比喻为"月亮"，而佛经则如同引导人们看月亮的手指。人们看月亮的时候，固然需要手指指引，但一旦目睹明月，就不须抓住手指不放。如同过河的船，过河固然需要船只，但一旦过河，海阔天空，一片新天地，也就不需要背船前行。因此，惠能虽不识字，却可以直悟文字背后的佛法大意，因而成为一代宗师。佛经是通过文字表达智慧，但真正的大智慧，却在文字之外。一个人如果纠缠于文字，往往会远离文字背后真正传达的智慧。惠能的觉悟之路，对于我们反思教育工作，很有意义。社会上有些知识分子，读了很多书，洋洋自得，也写了很多书，东说西说，以各种专家的称号自居，可是这些人是否会有一本经典传世？是否也如惠能一样，自性显现，水映明月，大机大用，洒脱自然？知识和智慧不是一回事。而且有的时候,知识反而成了蒙蔽智慧的障碍。这样说,并非歧视知识,而是说我们不仅要重视知识,更要重视对受教育者智慧的启迪和开发。惠能大师的智慧告诉我们:真正的教育,不是塞给受教育者什么东西,更不是用什么东西束缚受教育者,而是真正把受教育者内在的智慧发掘出来。因此,如何启迪受教育者内在的智慧,应成为教育工作者明确的目标。可以这样说,真正的教育,不是灌输,不是束缚,而是发现、引导和启迪,引导受教育者发现一个真实的自己,发现心中本来就有的良知和智慧。所以,如同道德教育,不是简单地告诉人们几条道德规范,而是发现和养护人们的良知,做一个可以用良知作出判断和自我约束的人。

当前,有一些家长,习惯性地将个人喜好强加给孩子,自己喜欢做官,就一定要求孩子报考公务员;自己喜欢经商,就让孩子学习经济和金融,从来不懂得真正尊重孩子的天性。其实最好的教育是启发和引导,而不是灌输。家长如果只是带着自己的成见去要求孩子,我们要问:孩子究竟适合还是不适合从事父母指定的行业？如果不适合,只能是孩子痛苦,家长也痛苦,这就是自找苦吃。因此,我们要学习佛教的智慧,发大愿,立大志,善于引导学生发现真实的自己,做适合自己的工作,踏踏实实为实现自身的价值和理想、为了担当家庭和社会的责任而努力。

任何一个人,一旦有了执着,自性智慧就会被蒙蔽。执着于权力、金钱、地位、美色等等,都如虚空的浮云,把智慧的蓝天遮住,当我们放下这些执着的时候,才有海阔天空的通达。当然,拥有物质财富也是正当的需求,只是不要做物欲的奴隶。我们看一个人的智慧和境界,不要看他外在的各种光环,而是要看他是否拥有内在的智慧,是否能够真正看穿浮云,自性做主。一个高高在上的人,如果利令智昏,也会是一个愚蠢的人；一个普通的平凡人，心无挂碍，也会拥有大智慧。就我们生活的经历而言，很多看似非常普通的人，往往说出话来让我们吃惊，觉得非常有智慧。而有些看起来高高在上的人，实际上做的事情往往很愚蠢，最终导致一败涂地。任何外在的地位和荣誉，都是机缘和合罢了，在条件具备的时候，一个人可以得到；但是，面对转瞬即逝的世间生活，再辉煌的东西，也会大浪淘沙。因此，一个人只有让真正的智慧伴随自己，才能拥有生命的欢喜和自在。一个拥有智慧的人，并不是通过外表可以看出来的，如人饮水，冷暖自知。人这一生，千万不要轻视别人，千万不要自以为是，而是要懂得发自内心地尊重别人。

在《六祖坛经·机缘品》中，还讲述了这样一个公案：

> 僧法达，洪州人，七岁出家，常诵《法华经》；来礼祖师，头不至地。
>
> 祖诃曰："礼不投地，何如不礼？汝心中必有一物，蕴习何事耶？"
>
> 曰："念《法华经》已及三千部。"
>
> 祖曰："汝若念至万部，得其经意，不以为胜，则与吾偕行。汝今负此事业，都不知过！听吾偈。曰：
>
> '礼本折慢幢，头奚不至地。
>
> 有我罪即生，亡功福无比。'"
>
> 师又曰："汝名什么？"
>
> 曰："法达。"
>
> 师曰："汝名法达，何曾达法？"复说偈曰：
>
> "汝今名法达，勤诵未休歇。
>
> 空诵但循声，明心号菩萨。
>
> 汝今有缘故，吾今为汝说：

但信佛无言,莲华从口发。"

达闻偈,悔谢曰:"而今而后,当谦恭一切。弟子诵《法华经》,未解经义,心常有疑。和尚智慧广大,愿略说经中义理。"

师曰:"法达,法即甚达,汝心不达;经本无疑,汝心自疑。汝念此经,以何为宗?"

达曰:"学人根性暗钝,从来但依文诵念,岂知宗趣?"

师曰:"吾不识文字,汝试取经诵一遍,吾当为汝解说。"

法达即高声念经,至《譬喻品》,师曰:"止!此经原来以因缘出世为宗。纵说多种譬喻,亦无越于此。何者因缘?经云:'诸佛世尊,唯以一大事因缘,出现于世。'一大事者,佛之知见也。世人外迷著相,内迷著空;若能于相离相,于空离空,即是内外不迷。若悟此法,一念心开,是为开佛知见。佛,犹觉也。分为四门:开'觉知见'、示'觉知见'、悟'觉知见'、入'觉知见'。若闻开示,便能悟入,即'觉知见','本来真性'而得出现。汝慎勿错解经意!见他道'开示悟入'自是佛之知见,我辈无分。若作此解,乃是谤经毁佛也。彼既是佛,已具知见,何用更开?汝今当信:佛知见者,只汝自心,更无别佛。盖为一切众生,自蔽光明,贪爱尘境,外缘内扰,甘受驱驰;便劳他世尊,从三昧起,种种苦口,劝令寝息;莫向外求,与佛无二;故云'开佛知见'。吾亦劝一切人,于自心中常开佛之知见。世人心邪,愚迷造罪,口善心恶,贪嗔嫉妒,谄佞我慢,侵人害物,自开众生知见;若能正心,常生智慧,观照自心,止恶行善,是自开佛之知见。汝须念念开佛知见,勿开众生知见!开佛知见,即是出世;开众生知见,即是世间。汝若但劳劳执念,以为功课者,何异牦牛爱尾?"

达曰："若然者，但得解义，不劳诵经耶？"

师曰："经有何过，岂障汝念？只为迷悟在人，损益由己。口诵心行，即是转经；口诵心不行，即是被经转。听吾偈曰：

'心迷《法华》转，心悟转《法华》。诵经久不明，与义作仇家。

无念念即正，有念念成邪。有无俱不计，长御白牛车。'"

　　《六祖坛经》中讲述的这个故事，给我们很多思考。法达法师对《法华》的典籍可谓熟悉，可是学了一肚子的东西，哪一个是他自己的呢？一个真正领悟了佛教智慧的人，才是"转《法华》"；否则，一个看似背诵了《法华》多少遍的法师，却是"被《法华》转"。真正的智慧，并不是一肚子的知识，而是对内在灵性的开启。因此，我们就可以理解，为什么中国古代的大思想家大都强调觉悟"自心"，因为当一个人自己没有分析能力，自己没有智慧判断，遇到事情不知道怎么处理应对，遇到心灵的困惑不知道解惑答疑，那么这个教育究竟有什么用呢？一个人读书再多，如果没有智慧，不过是装了一肚子货物的皮囊而已。因此，我们要从惠能大师那里接受启迪：真正的教育，一定注意启发受教育者内在的智慧，不单单是送给他什么，而是要引导他发现他本来就有的智慧。当受教育者成为一个真正有智慧的人，一个真正领会了"源头活水"的人，自然会有"六经注我"的神气。所谓东玄西妙，无非一心；一个人南求北证，总在心源；东方圣人出，南方圣人出，北方圣人出，西方圣人出，心同理同；无论哪里的人，智慧到了一定程度，英雄所见略同。

　　上面仅以禅宗为例对中国的佛学作了介绍。自魏晋南北朝以来，中国的佛教有八大宗之说，如唯识宗、天台宗、华严宗、律宗、净土宗等等，都是中国佛学的表现形式。今天也有一些人抱着门户之见，自是而非他。对于这种不正常的现象，近代佛学大德太虚大师对中国佛教的各大宗提出了自己的看法。他根据自己对各宗派的判摄，做出了八宗平等的结论，认为各个宗派，不过是佛学的一种表现形式，是各大宗师自身对佛学的一种理解。中国佛教不同宗派对佛法的理解，一方面与佛陀的教法无二，同时又打上了不同阐释者的痕迹，对于启迪和接引不同根器的人，各起着不同的作用。因此，所谓门户之见，根本上背离了佛法的智慧。所以有人说要想佛法兴，就要僧赞僧。针对儒释道三家的关系，太虚也有一个精彩的比喻：儒家告诉人们应该做什么，这是完成人格；而道家则是引导人们做超人；佛家则是对人生和宇宙的究竟回答，所以佛法是超超人。所以，中华文化能够接受佛教，并在长期演化的过程中使得佛教成为中华文化的组成部分，是因为三者本就有着内在的一致。儒家强调人人皆可以为尧舜，佛家认为人人皆可以成佛，这种对人们内在智慧的体认，是佛教能够与中国固有文化传统结合和贯通的学理基础。

（三）佛教之真精神：高高山顶立，深深海底行

不理解佛学的智慧，一个人很难读懂中国的历史和文化。至于很多人把佛学视为消极的思想体系，认为学佛的人是在逃避社会责任，实际上是一种误解。唐代药山禅师曾经这样概括学佛者：高高山顶立，深深海底行。所谓"高高山顶立"，是要放下万缘，参悟人生和宇宙的究竟，真正实现对人生和宇宙的彻悟，放下那种对"小我"的算计和执着。一句话，高高山顶立，体现的是觉悟者的高俊、通透和圆融。"深深海底行"，是说一个真正的觉悟者才会明了宇宙一体的关系，才能做到无缘大慈，同体大悲，担负起对众生救度的责任，不惧任何苦难，在万丈红尘中盛

开莲花,百花丛中过,片叶不沾身。佛家的这种精神,用近代学者朱光潜的话来说就是:以出世的心,做入世的事业。出世的心,就是看破人生的幻相,打破名缰利锁;做入世的事业,就是真正给社会服务的时候,心无所求而又全心全意,摩顶放踵以利天下。可以说,高高山顶立,深深海底行,体现的是真正觉悟者对苦难的担当和生命自我升华的自觉。由此,我们就可以理解为什么地藏王菩萨践行"地狱不空,誓不成佛"的宏愿;为什么观世音菩萨誓言"千处有求千处应,苦海长作渡人舟";为什么玄奘西行求法,千难万险,一双脚走十万里的征程;为什么鉴真六次东渡,以致眼睛失明,都不改初衷;为什么近代佛学大德虚云,坐阅四朝五帝,几经生死以护佛法。所以,佛教所昭示给我们的是,一个真正觉悟的人才真正理解自己和众生的关系,自己和宇宙的关系,才能明了生命的真意义。也只有一个真正觉悟的人,才能够真正做到"无我",为众生的利益肝脑涂地,为唤醒众生的迷茫而"敢辞微命入炉汤"。由此,我们切不可用消极的字眼形容佛教。佛教对人生和宇宙有自己的独特理解,诸位觉悟者的悲心,无非是希望人们迷途知返而已。一个真正觉悟的人,才能做到为国为民,放下身家性命,这样的境界怎么可能消极?

六　中医的"天人合一"与"一气周流"

　　中医是中华文化的重要组成部分,与《河图》《洛书》《易经》、五行等有着密切的联系。可以说,中医是中华文化的集大成者,既包含了形而上丰厚的中国哲学智慧,也包含了形而下大量的治疗方法和手段。自近代以来,很多人源于骨子里的文化不自信,或对中医缺少真正的了解,或对中医抱有无知的偏见。客观地说,中医是中华文化的重要组成部分,也是中华民族对人类文明的重大贡献。在中、西医的区别问题上,所谓的技术手段并不分中、西医,都可以用来诊断和治疗,二者真正的区别在于不同的哲学基础、生命观、宇宙观、思维方式、导致疾病的原因分析以及不同的诊治理念等。中国医学对于生命的理解、宇宙的理解、人与宇宙关系的理解、导致疾病的原因、如何诊疗等的思考,对人类的医学发展都有极大价值。习近平同志曾经指出,中医是打开中国文化的一把钥匙。没有中国文化的基础,很难真正理解中医。由于中国文化普及和教育的不够,必然会出现一些对中医的误解和中伤。无论是从保护人类健康的角度出发,还是从弘扬中华文化的角度出发,传承和弘扬中医都是弘扬优秀中华文化的应有之义。

　　中医作为中华文化的重要组成部分,在几千年的发展过程中,对中华民族的绵延不息起着不可替代的作用。无论是血雨腥风的战争带给人民的苦难,还是各种瘟疫的流行带给人民的恐怖,中医都可谓济世救苦的良方,发挥了不可替代的巨大作用。推而广之,不仅是中华民族,整个人类都要感恩中医。因为正是中医的贡献,包括亚洲、非洲等地区的世界级的流行疾病,得到了较好的控制,惠及了亿万人民,这是不容否定的事实。否定中医价值的言行,不仅是对中医理论合法性的漠视,也是对历史的不负责任。有人告诉我,中医不过是经验的总结,没有严密的科学和数据支撑。其实这是很幼稚的看法,更是被某种思想绑架后缺少独立思考的浅薄。任何医学都要建立在大量的实践经验的基础之上,任何学理的探讨和推演,都不能代替经验的价值。历经几千年的实践经验证实的中医,比那种在实验室里单靠纯粹推导而缺少医学经验实证的东西,要可靠无数倍。而且所谓的医学体检数据,是一个随时发生变化的东西,饭前饭后不一样,情绪高低不一样,有的时候也不能完全说明问题。一句话,我们要客观地看待中医的价值和意义,从而在发展中医的基础上使之更好地服务人类的健康事业。

因此,我们在弘扬优秀中华文化时,应该认识到中医是中国人对人生和宇宙、对人的身体系统和疾病的认知方式,有自己独特的理论基础和认知思维。我们应该高度重视中医的价值,应该把弘扬中医当作一个中国人的文化自觉。但是,自近代以来,中医也面临着严峻的挑战,包括以西医的学术框架检视、批评中医,包括由于文化不自信导致的对中医的偏见,以及人类生存环境的变化带来的制约中医发展的新问题等等。直到今天,"中医不科学"的观念仍然得到一些人的支持。实际上,所谓的科学,并非僵化的概念,而且科学也不过是在某一个时期被人类认为经得起检验的一些认识而已。随着人类对宇宙认识的深化,科学的内涵也在不断地发生变化,曾经的科学,会变得不科学。很多西医研发的产品,曾经被视为很"科学"的东西,有些在实践中也会暴露其中的严重缺陷。深究否定中医的各种言论的缘由,一方面体现了很多人骨子里面的文化不自信,自己看不起自己,认识不到中华文化的伟大,缺少对中华文化的认同;另一方面某种程度上体现了西方中心主义的倾向。社会上一些人,把所谓的西方某些标准当作全人类的绝对标准,把西医的某些做法和理论当作所谓的科学"模板",看不到中医有自己独特的智慧、理论基础和思维方式,不理解中医对疾病的独特理解,从而对中医污名化。这种妄自菲薄的思想和做法,既没有做到实事求是,更没有尽到中华民族儿女对于弘扬本民族文化的责任。我们必须为中医正名,必须深刻地理解中医的伟大和智慧,目的是汲取一切人类医学的智慧造福于人类的福祉,从而让人们的生活更健康、更幸福。我们在肯定中医智慧和价值的时候,也要看到任何医学在长期的演化过程中,都存在各种问题,我们也要客观地直面并解决问题。一句话,中医有中医的框架与问题,西医有西医的框架与问题,唯其如此,才需要打破门户之见,互相学习和借鉴,共同造福于人类的健康。

反观现实,由于对中医的偏见,再加上缺少对如何才能真正培养中医人才的研究和尊重,现在中医的传承和人才培养,都存在值得重视的严重问题。客观地说,今天少有人去研究中医,少有人真正理解中医,这就对中医的传承和弘扬造成了重大障碍,亟须我们在理念、文化、政策、制度等层面加以解决。

今天我们高举弘扬中医文化的旗帜,一方面要勇敢地正视中医存在的问题,把一些没有事实根据的做法剔出中医的体系;另一方面,要在恢复中医本来面目的基础上,让人们去理解中医的治疗理论,并结合时代的新需要创造性地发展中医。对于祖国的优秀文化,我们不可能躺在祖宗的贡献上睡大觉,而是要看到整个时代、气候、人类生存的环境等等,都发生了重大变化,人类的疾病也有了一些新变化,医学没有止境,我们怎样根据疾病带来的新挑战而提出创造性的回应的方式,决定了中医的生死存亡。但在这里,我们只是以黄元御的《四圣心源》为文本基础,来给大家还原中医对于人类身体和疾病的认知。而这种认识,是中医治疗疾病的基础。

(一)大医精诚与医者的情怀

在中医历史上,孙思邈就曾经提出"大医精诚"的理念。所谓"大医精诚",是指一个真正的医学大家,一定要做到"精",那就是对医学本身有精深的把握,对如何治疗疾病,有精湛的技术;所谓的"诚",就是一个真正的医生,还要做到心灵清净,纯真善良,能够真正把病人的疾苦当作自己的疾苦,把病人的苦难当作自己的苦难,这实际上就是以菩萨的慈悲去救治众生的痛苦的精神。这些精神是中国医学的宝贵财富,可以说是中国医学王冠上的珍珠。正是这"医道"的烛光,照亮了中医的前程,是值得全世界医学学习的宝贵财富。在中医历史上,清代的名医黄元御就是这样的一位大医,他的《四圣心源》,可谓中国医学智慧的杰出代表,是我们理解中医智慧的重要参考。

黄元御是清乾隆时期的御医,早年他有济世救民之愿,立志考取功名,但青年时代患有眼疾,而庸医误用大黄、黄连等寒泄之剂,致脾阳大亏,数年之内,屡犯中虚,左目完全失明。根据清代科举的规定,这种有身体严重残疾的人,没有参加科举考试的资格。一个立志通过科举为国家出力的知识分子,在被庸医误诊之后,科举梦破碎。他带着"不为良相,则为良医"的古训,加上自己被误诊的惨痛教训,决定从事医学研究。据他自述,虽然有深厚的国学根基,但当黄元御真正阅读《伤寒杂病论》等医学经典时,仍然不知所云,入不了中医的大门。经历了几年的苦读和思考,终于有一天,他对多年阅读的医学典籍有了豁然贯通的体验。黄元御真正明白之后,开始感慨中国医学智慧的博大,同时也为这样好的医学不能被人理解而难过。于是,在悬壶济世之余,他决定把他对医学的理解写出来,通过医学著作的撰述,力争为中国医学的传承和发展做一点事。由此可见,一个有着深厚国学根基的人,潜心阅读中医典籍几年才能有所体察,而今天很多人既没有深刻理解中医的文化基础,更没有下潜心阅读的苦功夫,只是根据道听途说的一点偏见就发表不负责任的观点,并不合适。

根据黄元御的自述,他作为医生,看到中医在传承过程中存在很多问题,有些医生在根本不懂医理的情况下,盲目治病,导致中医备受诟病,感到非常难过,于是决定通过努力把中医的要理简要地阐发出来,以供人们走进中医的大门:"医有黄帝、岐伯、越人、仲景,四圣之书,争光日月。人亡代革,薪火无传,玉楸子悯后世作者不达其意,既解《伤寒》《金匮》,乃于己巳二月,作《四圣心源》,解内外百病,原始要终,以继先圣之业。"在这里,黄元御明确地指出,他的努力方向就是希望能够把中医历史上最有代表性的中医智慧总结出来。由此我们可以看出一个真正医学大家的情怀,无不是带着士不可不弘毅的责任与担当,悲悯世人之病苦,以中医的仁术济世救难。可以这样说,如果没有黄元御的努力,大家直接去读《黄帝内经》,直接去读《伤寒论》,恐怕很少有人读懂。而且,中医特别反对僵化地对待人和疾病。每一个人的情况千差万别,每一个人的疾病又是千差万别。所以,一个好的中医大夫,不是记住什么药方,而是要在理清中医治病理论的基础上，根据病人的情况做出有针对性的施治方案。所谓历史上记载的药方，不过是医家针对特定的病人和特定的疾病开出的治疗方案，人和人不一样，同一个病，在不同的人身上也不一样，中医特别反对僵化，特别主张对症下药、对人下药，因时制宜。可以说，这种在深刻把握医理基础上有针对性的施治，是中医的灵魂。黄元御深谙中医的精髓，所以他要把中医的医理给大家介绍清楚，通过这种介绍，我们就可以知道人体是怎么样运行的，什么是健康状态，什么是疾病状态；如果是疾病状态，怎么诊断；诊断之后，采取什么措施，才能让一个人从疾病的状态恢复到健康状态。

（二）病象与病因

我们平常所说的感冒、发烧、红肿、肿瘤等等，在中医看来都是病象，但在病象的背后是病因，只有找到病因，才能对症下药。如果只是简单地对治病象，并不能解决根本问题。我们以肿瘤为例，来说明这个问题。

一般看来，肿瘤是一种非常严重的疾病，但在中医看来，肿瘤只是病象，如果只是针对病象下手，采用简单粗暴的切割、化疗等对抗的方式，结果只能看似解决问题，由于没有真正把病因解除，往往导致手术之后很快复发转移，最终导致严重的后果。中医的辨证施治，特别重视从病象出发，深刻分析导致疾病产生的各种原因，然后有针对性地采取措施，把原因解决掉，最终才能治疗好疾病，恢复身体的健康。比如，胃部的肿瘤，医生要认真地询问和分析患者胃部生长肿瘤的原因，包括是否便秘，饮食习惯、作息习惯是否不好，是否心胸不开阔而生闷气等。原因分析清楚之后，就需要从这几方面对症施治，一方面是中药的调理，另一方面也要患者改变自己的生活、饮食习惯,开阔心胸等等,只有这样,身体才能得到真正的恢复。如果单纯地做个手术,切掉肿块,很多时候效果不仅不理想,还可能酿成悲剧。而且,肿瘤是一种比较慢性的疾病,有的时候和身体伴生几年甚至几十年,不必要带着恐惧和敌视态度,在有效控制肿瘤的时候,能够和肿瘤和平共处,也是很好的方式。在传统中医的医案里,根本没有癌症这个说法,而且有很多现代称之为癌症的被治好的案例。与从根本上解决问题的思路不同,西方医学往往采用对抗的治疗方案,什么抗生素、杀菌药物,动不动就要切割和放疗化疗,这种简单的对抗治疗方式,很多时候给病人带来极大的痛苦,效果事与愿违。因此,我们好好领会中医的治疗理念,从病象找到病因,从环境到身体,从饮食到作息,从身体到心理情绪等等,都要全面分析,只有真正找到了导致疾病的原因,才能医治。

我们对待任何疾病,要学习中医提倡的"有病推因"的思维方式,真正把导致疾病的原因找到并解决,才可根治疾病。当然,导致疾病的原因很多,中医认为气候、外在的环境、饮食生活习惯、心理情绪、人际关系等等,都会引发疾病,这要根据实际情况作出具体分析。

(三)天人一体:中医的整体观

中医看病,并不单纯看疾病本身,而是把疾病和人、自然环境等放置在一起来看。在《四圣心源》卷一《天人解》中,黄元御指出:"昔在黄帝,咨于岐伯,作《内经》,以究天人之奥。其言曰:善言天者,必有验于人。然则善言人者,必有验于天矣。天人一也,未识天道,焉知人理!"

可以说,将人放置在整个宇宙之中去分析,是中医的重要特点。中医治病，并不是孤零零地看待疾病，也不是孤零零地看待人体，而是把疾病、人体和整个宇宙关联起来加以研究。将宇宙、社会环境与人关联起来分析，应该说这是非常深刻而科学的医学观。很简单的道理，一个人的生存处在与宇宙的密切联系之中，如果单纯看待疾病，无法真正理解病因，也就不能提出正确的治疗方法。比如，某一年的某个季节气候发生异常，就有可能导致某一种疾病发生。再比如，经常在阴湿的环境中工作的人，容易患有风湿疾病；如果医生不考虑环境因素，只是单纯地运用一些药物治疗，那药物的作用就会被环境的影响抵消。因此，好的大夫治病，不仅开出对症的药方，还要告诉病人是什么样的原因，包括环境、心态、饮食起居等等因素导致了疾病的产生。疾病的治疗，实际上是包含了药物和生活方式的调整、饮食习惯的调整等综合施治的过程。换句话说，一个好的中医大夫，不仅在看病象，而且还注意到病人的心理状态、饮食习惯、住宿环境、生活方式等。也只有这样，医生才能对病人做出全方位的指导，对如何治疗疾病提出符合实际的治疗方法。可以说，天人一体的观念，是中医治疗理论的重要特征，也是我们理解中医的重要方法论。

中医的这种整体和系统观念，在医学的实践中有非常重要的意义。如果只是着眼于疾病本身，而不能分析疾病之所以发生的外在环境，不能分析导致疾病发生的全部因素，就无法提出合适的治疗方案。正是基于这种智慧，《黄帝内经》专门提出了"五运六气"的理论，总结了不同年份会有什么样的气候，人们容易得什么疾病。这其实就是探究地球在宇宙空间运行过程中的状态与人的健康之间的关联，从而未雨绸缪，及早预防。

（四）一气周流：人体能量之运行秩序

任何医学原理，首先要建立在对人体能量运行机理理解之上。关于人体的孕育过程和身体能量的运行秩序，黄元御指出：

阴阳未判，一气混茫。气含阴阳，则有清浊，清则浮升，浊则沉降，自然之性也。升则为阳，降则为阴，阴阳异位，两仪分焉。清浊之间，是谓中气，中气者，阴阳升降之枢轴，所谓土也。

枢轴运动，清气左旋，升而化火；浊气右转，降而化水，化火则热，化水则寒。方其半升，未成火也，名之曰木。木之气温，升而不已，积温成热，而化火矣。方其半降，未成水也，名之曰金。金之气凉，降而不已，积凉成寒，而化水矣。

水、火、金、木，是名四象。四象即阴阳之升降，阴阳即中气之浮沉。分而名之，则曰四象；合而言之，不过阴阳。分而言之，则曰阴阳；合而言之，不过中气所变化耳。

……

阴阳肇基，爰有祖气。祖气者，人身之太极也。祖气初凝，美恶攸分，清浊纯杂，是不一致，厚薄完缺，亦非同伦，后日之灵蠢寿夭，贵贱贫富，悉于此判，所谓命秉于生初也。

祖气之内，含抱阴阳，阴阳之间，是谓中气，中者，土也。土分戊己，中气左旋，则为己土，中气右转，则为戊土，戊土为胃，己土为脾。己土上行，阴升而化阳。阳升于左，则为肝，升于上，则为心。戊土下行，阳降而化阴，阴降于右，则为肺，降于下，则为肾。肝属木而心属火，肺属金而肾属水。是人之五行也。

五行之中，各有阴阳，阴生五脏，阳生六腑。肾为癸水，膀胱为壬水；心为丁火，小肠为丙火；肝为乙木，胆为甲木；肺为辛金，大肠为庚金。五行各一，而火分君相，脏有心主相火之阴，腑有三焦相火之阳也。(《四圣心源》卷一《天人解》)

可以说，上面简短的文字，已经把人体的能量运行过程做了非常清楚的描述：男女结合之后，两种能量相遇，用现代科学的解释就是受精卵；用中医的解释就是一团包含着阴阳两种趋向的能量。这种能量是一个人能够发育和成长的基础。一种是向上升的能量，一种是向下降的能量，这两种能量的运行就形成了一个类似道家阴阳鱼的结构。在这一过程中，中医为了给予这一运行过程很好的说明，就把男女结合形成的基础能量称其为"土"；向上升的能量，升到一段的时候，其象为木(肝)；升到顶端的时候，其象为"火"(心)。向下行的能量，到了中间状态，其象为"金"(肺)；再向下运行到底端，其象为"水"(肾)。由于这团能量的运行，阳中有阴，阴中有阳，所以当能量运行到"火"的状态时，就要下行去温熏肾水。而"水"(肾)中能量结合火的温熏上升而形成一个周而复始的循环过程。只要这一过程是周而复始、自然而然的过程，人的身体就不会发生疾病。但是，当这一过程发生问题的时候，人就表现为疾病状态。一句话，所谓的治病，就是把这个系统的循环维护好、保持好，如果这个系统中该上升的不上升，该下降的不下降，身体就会出现状况。而这个循环系统中，最基本的驱动源在于"土"。"土"在脏器上就表现为脾和胃，所以，中医把脾胃称为"后天之本"。如果脾胃的升降能力出了问题，整个身体都会出现问题。因此，在黄元御看来，一般而言，中医治疗疾病，是以"培根固基"（养护好脾胃）为本，而不是一味地泄掉人们的能量。

今天，我们的生活被各种发明包围，但有些发明如果使用不当，会严重伤害自己的身体健康。比如空调和冰箱，炎热的天气中，一个人毛孔张开，如果这时突然进入空调房间，就会导致大量的寒气进入身体。尤其是很多人喜欢吃冰冷的食物，这样会严重地伤害脾阳，时间长了会引发身体的各种疾病。我们不能一概地说冰箱、空调等发明创造不好，但是懂得这个道理后，就可以既能利用科技方便生活，也能尽可能防止它对我们造成伤害，从而保护好我们的健康。

（五）五行生克——身体内部各脏腑的关系

在讲述了一气周流的人体能量运行过程之后，我们要问：身体内部各部分的关系是什么？ 这就涉及身体各内脏，即心肝脾肺肾的内在关联。需要注意的是，中医讲的心肝脾肺肾，与西医的认知并不相同。西医视域中的心肝脾肺肾，是指人们身体中的器官，而中医则是从功能的角度来看待心肝脾肺肾。比如，西医的"肝"，就是解剖学上的肝脏；中医视域中的"肝"，是指的人体能量之中发散的那种功能。比如，脾阳的能量要上升，这种上升的过程，需要把这种能量运输到身体需要的各个地方，这种运输和发散的功能，就是"肝"。因此，在中医理论体系中，解剖学中的"肝"与中医理论中的"肝"并不相同。比如"心"，西医视域中的"心"，就是拳头大小的心脏；而中医则把人们能思考、能想象的这种灵觉能力称为"心"。所谓的心肝脾肺肾等名称，不过是中医为了更好地解释人体运行机理而给与的一种解释体系，就如同用八卦解释世界一样。对于身体各要素之间的相互关系，黄元御指出：

五行之理，有生有克，木生火，火生土，土生金，金生水，水生木，木克土，土克水，水克火，火克金，金克木。其相生相克，皆以气而不以质也，成质则不能生克矣。

盖天地之位，北寒南热，东温西凉。阳升于东，则温气成春，升于南，则热气成夏；阴降于西，则凉气成秋，降于北，则寒气成冬。春之温生夏之热，夏之热生秋之凉，秋之凉生冬之寒，冬之寒生春之温。土为四象之母，实生四象。曰火生土者，以其寄宫在六月火令之后，六月湿盛，湿为土气也。其实水火交蒸，乃生湿气，六月之时，火在土上，水在土下，寒热相逼，是以湿动，湿者，水火之中气。土寄位于西南，南热而西凉，故曰火生土，土生金也。(《四圣心源》卷一《天人解》)

一个健康的身体，脏器的各个功能都应该各司其职，比如，如果肝木的发散功能过于强盛，这个时候，就会对脾胃的能量基地造成伤害，这就需要加强肺金的力量以制约肝木。因此，在脏腑之间，不仅有相互支撑的关系，还有相互制约的关系：

相克者，制其太过也。木性发散，敛之以金气，则木不过散，火性升炎，伏之以水气，则火不过炎，土性濡湿，疏之以木气，则土不过湿，金性收敛，温之以火气，则金不过收，水性降润，渗之以土气，则水不过润，皆气化自然之妙也。(同上)

五脏之间的生与克，使得身体各器官的功能相互协调，相互配合，互相支撑，互相制约，这实际上已经指出了分析疾病和提出辩证诊治办法的依据。比如脾胃有问题的时候，往往不能就脾胃治脾胃，而是还要看是否属于肝木太强而犯胃土,这在医学上叫肝胃不和。只有综合起来分析清楚,把方方面面的因素考虑清楚,才能取得良好的治疗效果。

当然,人生活在宇宙之中,身体的运行机理与气候的变化也有十分密切的关系。对此,黄元御指出:

> 天有六气,地有五行。六气者,风、热、暑、湿、燥、寒,五行者,木、火、土、金、水。在天成象,在地成形,六气乃五行之魂,五行即六气之魄。人为天地之中气,秉天气而生六腑,秉地气而生五脏。六气五行,皆备于人身。内伤者,病于人气之偏,外感者,因天地之气偏,而人气感之。(《四圣心源》卷二《六气解》)

中医这种看待世界的方式,就会让我们明白什么季节与身体的哪个脏器的功能相协调,什么季节应该是哪个脏器的功能在起着主要作用,我们应该怎么样调整自己的饮食起居、心情等,以做到人道与天道的和谐。这实际上为养生提供了理论指导。

(六)脏器与身体各器官的关系

所谓的脏器,相当于身体的内在结构,但人是包含了内在结构和外在形象的综合体。那么,这些内在结构是怎么样生成了一个个鲜活的个体呢? 黄元御在书中指出:

> 肝主筋,其荣爪,心主脉,其荣色,脾主肉,其荣唇,肺主皮,其荣毛,肾主骨,其荣发。凡人之身,骨以立其体干,筋以束其关节,脉以

通其营卫,肉以培其部分,皮以固其肌肤。

皮毛者,肺金之所生也,肺气盛则皮毛致密而润泽。肌肉者,脾土之所生也,脾气盛则肌肉丰满而充实。脉络者,心火之所生也,心气盛则脉络疏通而条达。筋膜者,肝木之所生也,肝气盛则筋膜滋荣而和畅。髓骨者,肾水之所生也,肾气盛则髓骨坚凝而轻利。五气皆备,形成而体具矣。(《四圣心源》卷一《天人解》)

在解释了人体的内在结构和运行机理及其相互关系之后,我们不禁要问:怎么知道人体是否健康呢? 如果不健康,怎么知道是哪里不健康呢? 只有掌握了这些,中医才能对症下药。对于这一点,黄元御指出:

肝窍于目,心窍于舌,脾窍于口,肺窍于鼻,肾窍于耳。五脏之精气,开窍于头上,是谓五官。

手之三阳,自手走头,足之三阳,自头走足,头为手足六阳之所聚会。五脏阴也,阴极生阳,阳性清虚而亲上,清虚之极,神明出焉。五神发露,上开七窍,声色臭味,于此攸辨。

官窍者,神气之门户也。清阳上升,则七窍空灵,浊阴上逆,则五官窒塞。清升浊降,一定之位。人之少壮,清升而浊降,故上虚而下实,人之衰老,清陷而浊逆,故下虚而上实。七窍之空灵者,以其上虚,五官之窒塞者,以其上实,其实者,以其虚也;其虚者,以其实也。(同上)

既然肝脏这个内部器官通过眼睛表现出来,心脏通过舌头表现出来,脾脏通过口唇表现出来,那我们就可以通过对眼睛、口唇、舌头等外在器官的考察,而探知身体内部各脏器的健康状况。其实,黄元御说的有些简单,仅仅一个眼睛,在中医看来就折射了身体内部三个脏器的状况。眼白部分,与肺脏相关联;眼睛的黄轮,与肝脏相关联;眼睛中间的瞳仁,就是肾轮,与肾脏的健康相关联。肾脏是一个人的先天之本,生命之所以存在,就是因为身体里有一股先天的能量支撑。当一个人去世的时候,先天的能量消失,外在的表现就是瞳孔发散。

中医的这种系统的身体观,对于中医诊疗具有重要意义。关于身体内脏的健康状况,我们并不能通过视觉直接看到,但是,任何一个内脏的状况都与身体的发肤等外在的身体组织密切联系。所以,身体的发肤组织,可谓观察一个人身体是否健康的窗口。中医强调的望闻问切,所谓的"望",是对一个人气色的关注;这种气色和发肤的颜色,实际上是一个人身体内部健康状况的反映。所谓的切脉也是同样的道理,身体内部的某些变化,都可以在脉搏跳动里面有所体现。可以这样说,身体各组织之间的密切联系,为中医的诊疗提供了理论依据。通过皮肤的颜色、脉搏的跳动等等表象,就可以推断身体内部是否存在问题,应该如何诊治。而且,每一个脏腑在身体上都有相应的能量通道,我们根据身体部位出现的问题,就可以知道是哪个脏腑存在问题,这就是经络学说。可以说,中医有着严密的逻辑和理论体系,绝不是什么毫无道理。对中医的偏见,多半是出于对中医的无知。

限于篇幅,本书对中医的介绍就仅仅做一个简单的梳理。需要指出,黄元御的这些看法,实际上是对中医几千年发展成就的继承和总结,很多内容早已经记载在中医的经典中,不过黄元御在这里做出了简明扼要的梳理和阐释,这种提纲挈领的功夫,足见他的中医水平。人们如果要真正领悟中医,一定要向包括黄元御在内的各个大家学习,每一个中医大家,都以自己的独特风采为中医的传承做出了贡献,我们要报以深深的敬意。中医关注的不仅是治疗疾病，而且还上升到"道"的角度看待医学。我们看中医的历史，多少医学大家，能够真正把众生的苦难当作自己的苦难，不计名利，不计报酬，真正为了解救众生的痛苦而不惮于前行，这种医道的精神，是值得学习的。由此我们就理解为什么古人说"医者仁术"，医生就像菩萨一样，带着慈悲去帮助别人，这种精神永远是医学最宝贵的财富。

不独是对医生，对于病人而言，一个人的德行和身体也有着重要的关系。《素问·上古天真论》在解释为什么长寿的人能保持身体健康时，说长寿者"所以能年皆度百岁而动作不衰者，以其德全不危也"。所以，中医认为一个人真正要保持健康，一定要有很好的德行，知道什么该做，什么不能做，能够待人诚恳，心胸宽阔，张弛有度，只有这样才能人道符合天道，实现真正的天人相应，身体健康。反观一下今天的社会，很多人心胸狭隘，急功近利，做一些危害社会也危害自身的行为，怎么可能保持身体的健康呢？从这个意义上，无论是医生，还是我们普通人，都要认识到德行的重要性。

上面对中医的阐释，不过大海中的一滴水，对于中医博大精深的理论和治疗体系而言，可谓九牛一毛而已。而且，人并不是抽象的人，表现为妇女、儿童、老人等等；人也不是固定在某一个状态，所以还有妇科、产科、儿科等。对于这些情况，中医都有详细的说明。我们在这里只能是简单地介绍。如果大家有兴趣学习和研究中医，还需要认真地阅读经典，并向有经验的中医大夫请教，并在治疗实践中不断地学习和总结，自觉地将医学和医道结合起来，提升技术，涵养人格，只有这样，才能真正了解中医的博大精深。

七　中华文化的特点

　　本书所介绍的中华文化，并不是面面俱到，而是就主要的内容做一些介绍。其他诸如法家、兵家、墨家等，我们并没有专门介绍。究其原因，一方面，虽然这些内容也是中华文化的重要组成部分，但这些思想流派并没有成为中华文化的主要内容，在中国的历史发展过程中逐渐式微；另一方面，这些思想流派没有形成中华文化的核心精神。比如，以法家思想为例，在《韩非子》中，特别强调权术和刑罚，法家一切的目的在于强化专制独裁的功能，维护君王的权威，而缺少对人们如何提升德性和完善人格的关注，更无从谈起维护生命个体的尊严。在韩非子看来，所谓的"德"，不过是君主对臣子的奖赏以便于更好地驾驭臣子而已，这与儒家把德性视为人性本来具有的内在良知的看法迥然不同。法家这种对人性道德良知的忽视、对君主专制独裁的维护、对社会大众缺少仁爱的冷漠等特点，使得这种思想体系很难成为中华文化的主流，而且经历了秦代的残暴和酷刑之后，法家的那一套东西，已经被很多思想家反思与批判，这也是汉武帝时期之所以提出"罢黜百家、独尊儒术"的原因。当然，也有一些人说中国的历史是外儒内法，意思是表面上推崇儒家，但统治者骨子里面还是采用法家的方法治理国家。这种说法固然有一定道理，但自秦朝之后，统治者不能大张旗鼓地鼓吹法家，就说明了历史选择的问题。也曾经有人说：在春秋战国时期，法家的思想比儒家务实高明，事实并不这样简单。商鞅变法，看似成功了，实际上这种变革不过是通过利益的刺激来达到霸权的目的。对于一个国家而言，利益的问题固然不能忽视，但是人之所以是人，还必须强调道义和人格的力量，否则就不能称之为真正意义的人。由此我们就能更好地理解为什么孔子要担负起立人伦、振纲常的责任。而且，人类的历史也证明了这样一个道理：任何社会，只要不能真正维护人的尊严，不能仁爱天下，不能启迪人心中的道德良知，一定不会长治久安。

历史也是公平的，法家的商鞅和儒家的孔子在中国历史上的不同地位和命运，在某种程度上也是对儒家和法家思想评判的某种注解。法家更多地看到人性的恶，主张通过利益和恐惧实现对人的利诱和控制，而儒家则是通过启发人的良知和道心来实现良好的社会秩序。无论是学理上的分析，还是现实中的证明，只注重利用人性之中恶的一面，必然给人类带来灾难；相反，无论是人类社会的希望，还是人类文明的发展方向，都在于如何启发和引导人性之中光亮的部分，因为良知是人之所以是人的根本所在，同时又要尽可能防范人性的恶。

任何时候，对于中华文化的认识，都存在多种多样的看法。如何正确地看待中华文化，关系我们如何正确地对待中华文化。有的人甚至把权术、阴谋、僵化保守等东西，视为中华文化的主流，从而提出了一些偏激的观点。实际上，只要我们不带偏见尽可能客观地看待中华文化，就会发现尽管在中国传统社会中确实有权谋的算计，有一些导致中国社会走向僵化的因子，但是就中华文化的主流而言，各位圣贤大家，都警惕或者反对激发人性之恶带来的恶果，主张引发人们内在的觉悟能力和良知，引导人们成为一个堂堂正正大写的人。我们固然承认人性的复杂，固然要正视人性的弱点，但人之所以是人，就在于人类有超越人性弱点的能力，人类文明进步的方向和动力，恰恰在于对人性之良知的养护和启发，正是人性之中光亮的部分，才照亮了人类社会不断前行的路程。因此，我们要做好中华文化的清理工作，着眼于中国社会的进步，着眼于人类文明的发展，从而把中华文化中间促进人性的净化和社会进步的内容抽离出来，做好继承、弘扬和发展中华文化的伟业。

如果由于中华文化中有一些消极的因素，而否定中华文化的价值，那我们不禁要问：这个世界上，哪一个文化形态没有各种问题？因此，我们在看待中华文化时，不仅要看到问题所在，更要深入分析问题的原因，然后带着真正负责的心态去为弘扬、发展中华文化的发展做一点事情。一味地偏激和牢骚满腹，根本不解决问题，而且也不利于文化的发展。

根据上面的分析，我们大致可以总结中华文化的特点，那就是无论是儒家、道家，还是佛家，都认为每一个人心中都有觉悟的能力，这个能力和圣人并无区别。但是普通人和圣人的区别就在于，圣人发挥了这种觉悟能力，并做到了心灵的净化，而且能够用真正纯净的心看世界与人生。这种状态，儒家称之为"从心所欲不逾矩"；道家称之为"无为之处，无所不为"；佛家称之为"大彻大悟"。虽然道家、儒家、佛家对于人们觉悟的程度存在差异，佛家可谓最为究竟和彻底，但不可否认，就文化努力的方向看，儒家、道家、佛家有着内在的一致。中华文化的这个特点，与西方文化根本不同。以基督教为例，基督教认为整个世界包括人，都是上帝的安排，都需要上帝的庇护和恩赐。在上帝面前，人需要的是忏悔、救赎和庇护。与中华文化相比，西方文化否定了人们自身可以走向彻底觉悟的可能，许多学者称其为"外在超越"，德国哲学家康德之所以将此岸与彼岸加以区分，也反映了西方文化的这个特点。但是中华文化认为,虽然人是有局限的存在,但人都有自我觉悟的能力,因此,只要一个人真正愿意去净化心灵、提升觉悟,人人皆可以为尧舜。由此可见,中华文化究其本质而言,维护了人的主体性尊严,强调了人可以实现自我超越的可能性。相反,西方文化过于强调人的局限性,而且人们也只能在苦难的此岸,祈求来自彼岸世界的救赎。

中华文化肯定人类自我超越的可能性,所以在政治上主张王道的政治,主张通过教化心灵实现大同社会;而西方断定人的局限性,这种人性的不信任,在政治上的表现就是主张制度建设,注重通过外在的约束防范人性之恶的伤害。但是,如果一个文化否定了人性自我救赎的可能,实际上是对人类自我超越能力的扼杀。无论现实中有无可能实现由凡到圣的超越,人类都应该活在希望之中,否则就是对人类希望的泯灭。客观地说,中西文化的这些特点,各有其独特的价值。从人类拯救的角度看,中国文化强调人类最终是自我拯救,而且维护了人类的尊严和自我救赎的能力,但在社会治理上,中华文化对于制度建设的重视就存在某种缺憾。西方社会基于对人性的不信任,而着力建构一系列的制度去防范人性的恶,但由于对于人心的教化和德行建设缺少足够的重视,结果必然导致"法令滋彰,盗贼多有",再严密的制度,都管不住人心。应该说,中西文化,各有其价值和特点,从人类的终极拯救来说,中华文化的"命自我立,福自己求",具有重要价值,人类的命运归根结底在于自己如何把握;但在现实社会治理上,人心的教化与制度的防范应该同时并进,目的就是让人类社会越来越好。

因此,任何对于一个文化形态的武断评价,都是不负责任,当我们在对某一个文化形态予以认知和评价时,一定要慎之又慎,而不是简单地用好坏做结论。也正是在这个意义上,我们应该主张跨文化的交流与对话,推进人类不同文化之间的良性互动,主张不同民族文化间的互融与学习,这对于人类文明的提升有着重要的价值。从这个意义上看,中华文化提出的"万物相育而不相害,道并行而不相悖",是非常智慧且深刻的观点。

同时,也有一些人认为中华文化主张内在超越,因此不可能产生近代的自然科学,实际上这是对中华文化的误解。中华文化固然认为人类最终的觉悟在于人心,在于自我的超越,固然不提倡人们在对外在的追求中迷失人生本真的意义和方向,但是中华文化同样认为一个人真正觉悟的过程,恰恰是在同外部打交道的过程中,历练心性,完成自我的升华和超越。在和自然界、人类社会打交道的时候,历练心性,这是中华文化所强调的"圣贤要在事上磨"的道理,这也是佛学为什么推崇莲花的原因。一个真正清净的人,真正觉悟的人,不被任何外在的影响所干扰,正要在万丈红尘之中体现一个人的境界,如同莲花盛开于淤泥之中。同时另一方面看,自然科学不过是人类生存的工具,工具理性只有在价值理性的指导下才能发挥该有的作用。从这角度看,中华文化提倡的以内在的觉悟指导人类外部实践活动的思想,对于我们正确处理好人与自然的关系,有着重要的现实意义。

八　对中华文化的一点反省

　　作为中华文化的研究者，我们既要有对民族文化的认同和热爱，也要清醒地看到自身存在的问题，崇洋媚外和妄自尊大都是非常有害的。我们在回眸历史辉煌的时候，也要看到近代中国所遭遇的苦难。可以说一部中国近代史，不仅是中华民族积贫积弱、灾难深重的历史，更是暴露我们内在积弊和问题的历史。通过近代中国历史这面镜子，我们要看到中华文化内部存在一些影响中华民族永葆生机的问题，这是中华民族必须解决的历史课题，我们作为后世子孙决不可让中华民族白白经受近代的苦难和折磨。中华民族应该从近代的苦难中吸取沉痛的历史教训，洗涤污垢，痛彻反省，从而让我们的民族发展得更好，避免历史悲剧重演。反之，如果我们没有从近代历史的苦难中吸取足够的教训，没有真正做出全方位的反省和总结，没有清除自身文化机体中存在的弊病，历史的悲剧也一定会在某种机缘下重演，我们务必以史为鉴，在反思和总结中创造未来。

　　我们常说中华民族历经几千年而绵延不绝，创造了蔚为大观的中华文明，具有世界级的影响，这都是事实。但没有一个民族的文化只有优点没有缺点，我们必须思考一个问题：如何让我们的文化永葆生机和活力？如何让我们的文化避免走向故步自封和夜郎自大？如何让我们的文化无论遇到什么样的挑战,都能够清醒的直面挑战,从而引导中华民族披荆斩棘始终走在人类文明的前列? 这些问题是从事中华文化研究的人必须思考的大问题。针对这些问题,我们尝试在这里做一点回答。一个真正关心中华文化且为中华文化的发展负责的研究者,更应该非常清楚地看到自身文化的问题;反过来,越是能够清醒地认识到自己的问题,勇于自我反思和自我批判的文化,也才能不断地迎接各种挑战,在时代变迁的长河中越能做到与时俱进,蓬勃发展。

在如何让中华文化永葆生机的问题上,首先需要指出,任何一个文化形态的长久发展,一定要建构内在的自我反省和批判精神,一定要在多元文化的碰撞和交流中实现生命的升华和扬弃。总结和梳理人类的文化史,不难发现自我反思和自我批判是任何一个民族不断发展壮大的生命力源泉。这种自我反省和自我批判的精神,外在表现为一个民族的纠错能力。没有一个国家、民族、政治家不会犯错误,关键是在犯错误的时候,能否很快认识到自己的错误,并努力改正自己的错误。一个民族,一个文化形态,只有不断自我反思和自我超越,永远有直面问题和解决问题的智慧和勇气,才能永葆活力。在中华文化的基因中,有三省吾身的自我反省精神,有日新之谓盛德的进取精神,有居安思危的忧患精神,有和而不同的学习精神,等等,这些都是中华民族永葆活力的重要文化资源。但是在历史变迁的大河中,这些优秀的文化基因慢慢地被一些僵化的力量所制约,尤其是政治利益的限制,使得这种自我反思和不断学习的精神被慢慢地消解。到了清朝的时候,统治者无视世界大势的演化,无视西方国家带来的严峻挑战,僵化保守,这不能不说是中华民族的悲哀。任何一个民族不可能永远风生水起,不可能永远是领头将军,遇到发展的困境和外部的挑战,这是极其正常的历史现象,关键是我们怎么样不断地与时俱进和自我反省,怎么样能够清醒地认识挑战并有效地应对困难。

因此,面向未来,我们如果要确保中华文化永葆生机活力,必须强化中华文化的自我反省和自我批判精神,强化中华文化所具有的海纳百川、和而不同的学习精神。应该说,我们的文化本就具有自我反省、自我批判的精神和海纳百川、和而不同的精神,但是我们要把这种精神上升到民族文化的自觉状态,通过国民教育等渠道的宣传和渗透,从而成为中华民族文化血脉中的一部分。有了这种意识,我们就可以在不断的自我反思和批判中发现问题,直面挑战,打破既得利益的束缚,真正做到与时俱进。面对全球化的客观现实,有了海纳百川与和而不同的自觉,既能够认识到维护中华文化主体性的重要性,又善于学习其他民族的优点,在学习中吸收与创造,而绝不是简单地模仿与照搬,只有这样,中华文化才能日新又新,引领潮流。

其次,在对人性的理解上,我们的文化认识到了人性的复杂,认识到人性既有光亮的"道心",也有不可忽视的弱点和局限的"人心",但中华文化更多的努力是希望通过教育来启迪和引导"道心",从而实现人性的升华和超越。这固然是中华文化的优点,强调了人的尊严和自我拯救的希望;但在另一方面,会在客观上导致对如何防范人性之恶的弱化。而且,以理想的状态看人性,实际上是拔高人性的现实状态,容易引发苛求人性的现象。人性的复杂超乎想象,超乎很多善良人士的美好愿望,这是必须正视的冷冰冰的现实。如果我们对人性的弱点或者人性的"恶"缺少足够清醒的认识和防范,势必会在现实中给人们带来严重的伤害。我们在阅读西方近代文化史的时候,无论是霍布斯、休谟,还是亚当·斯密等人,无不是把人性的"恶"视为整个理论建构和制度建构的起点。这就不难理解西方社会为什么在近代能够提出"法治"的治理理念:正因为"人对人像狼一样",那么在人与人的交往过程中,一定要注重契约的建设,注重制度对人性的防范,所以以洛克、孟德斯鸠等人为代表的西方现代政治学提出"分权与制衡"的政治学理论,其道理也在于此。客观地说,忽视了道心和良知的价值,漠视人类道德和伦理建设的意义,过分地强调制度和法制,这固然是一种缺憾;但如果过于相信人心的教化和良知的启发,从而对人性的弱点和"恶"认识不够,也必然引发社会治理的灾难。

从近代以来中国社会治理的经验和教训看,新中国成立后所出现的一系列失误,相当程度上与制度防范的不够有关。具体到人与人的关系上,我们固然不能觉得全社会没有好人,但也不能觉得人人都是圣人,应该如实地观照人性,如实地看待人性的"道心"和"人心",从而既看到人性可以被教化和引导的希望,同时也要注重外在规范的建设,防范人性之恶带来的伤害。道德是社会治理的根,文化、信仰、道德滋润人心,是规范人类行为的"软实力",而法律和制度则是规范人们行为的"硬实力",各有各的价值。从这个意义上,中西方文化是彼此的一面镜子,各有各的价值,不同文化正是在不同镜子的反射下,更好地看清自己,互相学习,取长补短。如果说以德治国是中华民族贡献给全世界的重要治理理念,而依法治国则是西方近代以来值得重视的治理理念,二者各有价值与合理性,不可偏废。具体到如何看待个体的问题上,我们过于强调人性的积极因素,难免有苛责人生的现象,对个人的生活提出很高的要求,甚至按照圣人的标准去规范现实的人,结果违背人性的现实,引发人们的疏离情绪。要看到现实中的人,都是有着各种缺点的人,不要求全责备,不要苛责他人,更不要站在道德高地上指责别人。我们既要引导人，又要观照现实人性，宽容地看世界，宽容地看人生，让人觉得可亲可敬，在这个基础上给人引导和启迪。

再次，由于我们的文化相信人人皆有道心，人人皆可以为尧舜，这在某种程度上容易导致某些人自以为自己是圣贤，引发形形色色的盲目崇拜和迷信的现象。既然人人皆可以为尧舜，那么就有某些人在自己没有真正达到圣贤境界的时候却妄称圣贤，这种自我的神化，或者授意别人的神化，再加上复杂的利益和其他企图掺杂其中，就容易引发各种社会问题，需引起我们的警惕。客观地说，中华文化从本质上反对对外在神秘力量的盲目崇拜和迷信，"敬鬼神而远之"，主张通过启发自我的智慧走向彻底觉悟，但是很多人并没有真正领会圣贤的真意，这样就容易走向盲目的迷信和崇拜。从中华文化的真意看，中华文化肯定人类自我超越的可能，是非常伟大的智慧，是人类觉醒时代开启以后最能体现人类主体性的一种文化形态；但是自我的神化或者是社会上出现的一些造神运动，也是我们必须警惕的衍生品。在现实中，有不少的大师现象，但后来才知道很多所谓"大师"，无论是德行和修为，都还差得很远，在自己走向神坛或者被人推向神坛的背后，往往有不可告人的目的，有的甚至和骗钱、骗色和控制别人勾连在一起。

需要说明，按照中华文化的真精神，是反对任何的盲目崇拜和狂热迷信，主张体悟自性的智慧，"人人有个灵山塔（心），好在灵山塔下修"。正因为如此，我们才要好好领会圣贤的教育，懂得三省吾身，三人行必有我师焉，凡有所像，皆是虚妄，不断地打破"我执"和"法执"。越是有智慧，越感觉到自己的无知；越是有水平，越谦卑随和，越能够与人为善。中华文化的真精神，反对任何的外在崇拜，真正有智慧的人绝不会自己神化自己，更不会允许别人神化自己，而是从容中道，极高明而道中庸。

真正领会了中华文化智慧的人，就知道一个人真正的觉悟，一定是自我的觉悟，是对自性的觉悟，任何引导人走向外在崇拜的主张，都在某种程度上是断人慧命，根本上违背圣贤的教育。由此不难理解，为什么中国禅宗的有些祖师会有喝祖骂佛的现象，大家切不可误解。这些真正有智慧的祖师，哪一个不是对圣贤、对佛陀充满了敬意和尊重！可以说正是佛陀的智慧，才让这些祖师真正透悟平生。可是这些祖师正因为明白了一个人的觉悟，一定是自我的觉悟，所以针对那些对佛、佛像等盲目崇拜的人，这些祖师要用善巧方便予以启发和引导。可以说，这些祖师正是通过喝祖骂佛的表象，吻合了佛陀和祖师大德的智慧，那就是打破一个人对外在的迷障和盲目的崇拜，从而真正领会自性的智慧。所以，也请大家真正明白中华文化的真精神，学习圣贤，礼敬圣贤，启发自身内在的智慧和觉悟能力，而不是走向狂热的迷信和盲目的崇拜。

此外，在政治和文化的关系上，我们要建立道统和政统的良性互动关系。一方面，优秀的文化滋养良好的政治；反过来，良好的政治也有助于文化的繁荣和健康发展。在梳理中国历史上文化和政治的关系时，我们不难发现我们的文化虽然有对政治的引导和监督，但很大程度上文化过于依附政治，这在客观上比较难实现政治与文化的良性互动。这种良性的互动，既表现在文化为政治提供价值和理念的指导，提升民众的综合修养，培育良好政治生态的根基，对政治的良性运作起到监督和引导的作用；又表现为政治为文化生态的健康发展保驾护航，政治清明，也会带来文化的繁荣。

在今天的现实中，我们看到很多人在专业上学有专长并取得相当成就时，总希望在政治上也有所成就，说得直白一点，就是想当官。专家学者希望去做官，当然是个人的自由选择，但在某种程度上也说明中华文化需要培养学术人才的独立价值。一个知识分子，能够真正通过自己的专业长处给国家服务，能够在教化心灵、启迪智慧、完善人格等方面起到一定作用，就已经非常了不起，而不是说一定要拥有什么权力、坐到什么位置才能证明自己。抛开个别人的人生自由选择不说，就文化学术研究的独立价值而言，文化要有自己的独立使命和责任，这种使命、责任和价值，就是以自己文化的创造，为社会提供正确的价值导向，提升全社会的文明修养，并促进良性政治的形成与运作。文化如果丧失了自己独立的价值，而成为政治的附庸，失去了文化对政治的引导、监督和反省，对于文化和政治，都是一场灾难。文化要滋养良好的政治，政治要护佑健康的文化生态，这才是二者该有的关系。

在"体"和"用"的关系上，我们需要反思的也有很多。近代中国为什么被动挨打？很重要的原因是当时过于强调"内求"，强调心性的修炼和实证，没有理解和处理好"体"和"用"的关系，"内求"和"外求"的关系。结果当西方列强用船舰利炮入侵的时候，面对先进的武器，只能横遭凌辱，毫无还击之力。在维护国家尊严的问题上，空头道理无法救国。

中国文化本来的含义，是"内圣"和"外王"的有机统一，是内证境界与外在事业的有机统一。但在实际的演进过程中，某种程度上走向空谈心性和学理的偏途，从而导致近代中国自然科学的落后。

中华文化注重心性的探索和修证，这是巨大的优点，体现了人类不断追求自我觉悟和升华的努力，但一个人内证的境界和心性所达到的高度通过什么来证明？空谈心性，空谈学理，无法证明一个人内证的境界到了什么高度，只有在创造物质财富中、在发展人类最需要的各种科技发明中、在推动人类进步的实践中，才能证明一个人内在的境界到了什么程度。因此，仅仅强调所谓"心性"的修证，而斥责发明创造为"奇技淫巧",这是非常荒谬和愚昧的说辞。在"体"和"用"、"内求"和"外求"的关系上,心性的"体"要通过实际的"用"来表现;"内求"的境界,要通过"外求"的成就来证明。一句话,中华文化强调"心性"和"内求",这有重要的价值,但是决不可忽视"外求"的价值。所谓的心性功夫和德行修为,只有附着在为人民服务的功业上才能真正体现其价值。我们强调内在修为的提高,同样一定强调通过外在的功业来证明自己。只有将二者有机地结合起来,才能实现一个民族精神境界和外在实力协同发展的局面。

上面几条是研究中国思想史过程中所作的反思和总结,当然这种反省还有很多值得总结的内容,这里仅就主要的几点作出分析。《道德经》第二章说:"故有无相生,难易相成,长短相较,高下相倾,音声相和,前后相随。"任何一个文化形态,在优点突出的时候,往往利弊相生,因此我们在大力弘扬和传播中华优秀文化的时候,务必清醒地反思自身存在的问题,绝不可妄自尊大,绝不可自以为是,而是清醒地认识世界,认识自己,从而真正着眼于如何让中华文化永葆活力而不断努力。我们之所以在这里补充上面的话,是希望做一个清醒的真正对中华文化负责的传播者。我们看到自己文化的智慧,以树立文化的自信和认同;我们也要看到自身文化存在的不足,这样才能让我们的文化更加健康和生机勃勃。就我个人学习的经历而言,如果说我对文化还有一点心得和思考,无不是缘于读中国圣贤的典籍而获得的启发。我对中国的文化传统,对养育自己的国家,都有着血脉相连的感情,也正是源于自己的体会和认知,也决心用一生的时间去学习中华文化,传播中华文化,从而为接续文脉、传承智慧做一点力所能及的事。

结语：不忘本来，才能开辟未来

近代以来的中国学术研究，普遍存在着以西方的学术框架解读中国文化的现象。在经历一百多年的时代变革中，我们发现：在哲学社会科学领域，每一个民族都要建构自身学术体系、理论体系、规则体系、话语体系、评价体系的自觉。正是基于这样的考量，我力争用中国自身的文化逻辑和框架写一本中国文化简史，一方面能够尽可能原生态地呈现中国文化的原貌，另一方面更好地把中国文化传播出去，真正起到传播中国智慧以造福社会的目的。

放置在人类文明的坐标中，当今世界正面临百年未有世界之变局。在这个大变局中，中国文化如何思考和回应正视变局和时代挑战、如何创造未来，决定了中国文化的历史定位和命运。回望过去，中华民族有人类文明史上极其丰富的文化遗产，我们应该认真地加以总结和反思。面向未来，我们应该有学习和融汇人类不同文明的大气和自觉，在为人类发展创造更大价值的过程中，彰显中国文化的智慧和价值。

不忘本来，才能开辟未来。我们有理由相信，经过淬砺之后的中国文化，吸纳了中华文化里永葆生机的精华，剥离了中国文化肌体中丧失生命力的污垢，自觉借鉴人类不同文明的优势为我所用，立足时代，回应人类文明的新挑战，中华民族的复兴必将成为现实。而且这次民族复兴,绝不是历史的翻版,更不是对其他文明的照搬,而是中华民族在新的时代所做出的伟大创造。

尽管前行的路上问题多多,只要我们敢于正视问题和挑战,勇于解决问题和回应挑战,一切都是发展中的问题。

李白说:乘风破浪会有时,直挂云帆济沧海。我相信,这是对中国的预言。